基于STEAM的初中数学教学案例研究

徐新爱 王丽娜 孙庆括 编著

科学

技术

工程

艺术

数学

江西高校出版社
JIANGXI UNIVERSITIES AND COLLEGES PRESS
南 昌

图书在版编目(CIP)数据

基于 STEAM 的初中数学教学案例研究 / 徐新爱,王丽娜,孙庆括编著. -- 南昌:江西高校出版社,2025. 6.
ISBN 978 - 7 - 5762 - 6169 - 1

Ⅰ. G633.602

中国国家版本馆 CIP 数据核字第 20251GR843 号

策 划 编 辑	陈永林	责 任 编 辑	杨良琼
装 帧 设 计	王煜宣	责 任 印 制	李香娇

出 版 发 行	江西高校出版社
社　　　址	江西省南昌市新建区工业二路 508 号
邮 政 编 码	330100
总 编 室 电 话	0791 - 88504319
销 售 电 话	0791 - 88511423
网　　　址	www.juacp.com
印　　　刷	江西新华印刷发展集团有限公司
经　　　销	全国新华书店
开　　　本	700 mm×1000 mm　1/16
印　　　张	14.5
字　　　数	230 千字
版　　　次	2025 年 6 月第 1 版
印　　　次	2025 年 6 月第 1 次印刷
书　　　号	ISBN 978 - 7 - 5762 - 6169 - 1
定　　　价	68.00 元

赣版权登字 -07 -2025 -584

前　言

　　在当今基础教育教学改革的浪潮中,数学教育正面临前所未有的机遇与挑战。科技的迅猛发展和社会的持续进步,促使教育将培养学生综合素养和跨学科能力置于核心位置。在此背景下,STEAM教育理念应运而生,为初中数学教学注入了新的活力与内涵。

　　STEAM教育强调科学(science)、技术(technology)、工程(engineer)、艺术(art)和数学(mathematics)的融合,打破学科界限,鼓励学生在解决实际问题的过程中综合运用多学科知识与技能。这种教育理念与初中数学教学的结合,不仅有助于深化学生对数学知识的理解与应用,而且能培养学生的创新思维、实践能力和综合素养,使其更好地适应未来社会的发展要求。

　　本书聚焦于STEAM教育在初中数学教学中的应用与实践,通过丰富多样的教学案例,全面展示STEAM理念如何在初中数学的知识领域、专题教学、混合式教学等方面落地生根。

　　在初中数学知识领域教学案例部分,无论是"数与代数""图形与几何",还是"统计与概率""综合与实践",都精心设计了多个案例。例如,在STEAM教育理念的指导下,通过"统计调查"项目式学习,学生能够发现数学在解决实际问题中的作用,以及数学与日常生活及其他学科的联系。以"数与代数"为例,在无理数的教学过程中,教师巧妙地引导学生深入探究如何用几何画板表示无理数,并让他们充分理解无理数在工程设计中的独特魅力(例如黄金分割在建筑美学中的巧妙运用)、在艺术创作中的奥秘(如无理数在音律计算中的精确应用)、在科学研究中的不可或缺性(如圆周率在物理学领域的广泛应用)。通过这样的教学,学生能深刻体会到数学知识并不是孤立存在的,而是与其他学科紧密相连,从而拓宽数学学习的视野,激发学习数学的兴趣和动力。

初中数学专题教学案例部分,涵盖了数学文化、项目式学习、跨学科教学、拓展课教学和应用题教学等多个重要专题。数学文化教学案例借助数学史故事,如希伯索斯(Hippasus)发现无理数的历程,让学生在感受数学历史底蕴的同时,培养追求真理的科学精神。项目式学习案例引入实际项目,将其作为驱动力,激励学生主动运用数学及其他学科知识,共同攻克复杂的难题,使学生在实践中锻炼团队协作能力和创新思维。跨学科教学案例充分发挥 STEAM 教育的优势,将数学与其他学科深度融合,让学生认识到数学在不同学科中的广泛应用和关键作用。拓展课教学案例通过深入挖掘和拓展数学知识,引导学生探索数学前沿问题和数学知识的实际应用,培养学生的自主学习能力和探究能力。应用题教学案例侧重于将抽象的数学知识巧妙地融入现实生活场景,锻炼学生的问题解决能力,体现数学知识的实用价值及重要性。

初中数学混合式教学案例部分,结合核心素养和信息技术,探索了线上线下相结合的创新教学模式。基于 STEAM 理念和核心素养的混合式教学案例,通过精心整合各类优质教育资源,量身定制个性化的学习路径,全方位推动学生数学核心素养的发展。基于 STEAM 和信息技术的混合式教学案例利用多媒体、互联网和智能教学工具,为数学教学创造了更生动、更高效的学习环境。例如:通过几何绘图软件的动态演示,直观地展现图形的变化,助力学生深入理解几何知识;依托在线学习平台开展数学项目合作,有效提升学生的团队协作能力与沟通交流能力。

编写本书的目的在于为广大初中数学教育工作者提供一套系统、实用的教学参考资料,帮助他们深入理解和有效实施 STEAM 教育理念下的初中数学教学。我们希望这些案例及其分析,能够激发初中数学教师创新教学工作的灵感,引导他们积极探索适合学生的教学方法和教学策略,提升教学质量。

本书由南昌师范学院徐新爱统稿,王丽娜、孙庆括、秦春影、潘腾、游晓锋、张晓娇共同完成本书的撰写工作。在此,对他们的辛勤工作和不懈努力表示诚挚的感谢。本书也是江西省基础教育研究项目"基于 STEAM 理念和信息技术支持的初中数学跨学科教学案例设计与实践"、江西省基础教育研究重点项目"指向核心素养的初中数学跨学科项目式学习案例设计与实践研究"的成果之一。我们在撰写本书时引用了很多专家学者的著作和研究成果,在此深表感谢!

我们在编写过程中力求完美,但由于个人水平和能力有限,书中难免存在不足之处。请广大读者不吝赐教,给予批评指正,帮助我们不断进步和完善。

撰写组

2025 年 1 月 20 日

目 录
CONTENTS

第一章 STEAM 教育融入中学数学教学的分析与展望

在全球化背景下,国际竞争日益激烈,国家对高质量创新型人才的需求日益增长。我国每年均有大量高校毕业生面临就业困境,这凸显出教育体系对学生创新能力培养的不足。因此,我国正大力推进教育改革,力求打破中高考单一导向的传统模式,积极探索培养创新型人才的可行之道。在此背景下,STEAM 教育模式凭借突出的跨学科整合能力,受到了国内外教育界的瞩目,并逐步成为推动教育改革、实现课程整合的关键框架。

《义务教育数学课程标准(2022 年版)》[1]明确要求:合理利用现代信息技术,提供丰富的学习资源,设计生动的教学活动,促进数学教学方式方法的变革;课程内容的呈现要注重数学知识和方法的层次性和多样性,适当考虑跨学科主题学习和项目式学习;综合与实践领域设计教学活动要展示跨学科主题的背景。由此可见,STEAM 教育理念与我国当前的教育改革方向及新课程标准高度契合。将 STEAM 教育理念融入中学数学教学,不仅能够有效提升学生的核心素养,而且能够为培养未来的创新型人才奠定坚实的基础。

1.1 文献收集与研究方法

1. 文献收集

本研究依托 CNKI 数据库,利用其高级检索功能,精确设定检索条件["主题"包含"STEAM(或 STEM)"与"初中数学(或高中数学或中学数学)"],并限定时间跨度(自 2014 年 1 月 1 日至 2023 年 12 月 31 日),以确保文献的时效性和相关性。经过严格的筛选与整理,最终从检索结果中确定了 269 篇有效文献,涵盖 88 篇硕士学位论文及 181 篇期刊论文。这些文献已统一以 RefWorks 格式导出,为后续的分析工作做好准确。

2.研究方法

本研究综合运用文献计量法、知识图谱法和文献分析法,旨在全方位、多层次地揭示 STEAM 教育融入中学数学教学的研究现状、热点及未来的发展方向,为推动该领域研究的进一步深入与教学实践的创新提供科学的依据。

文献计量法用于量化分析 STEAM 教育融入中学数学领域的研究产出,通过统计年度发文量,揭示研究活跃度的变化趋势,据此预测未来的研究方向与热点。通过 CiteSpace 软件对关键词词频进行统计与聚类分析,研究者能够直观地揭示研究领域的核心议题与热点分布。如在 STEAM 教育研究中,关键词聚类分析可揭示研究热点包括创客空间、创新 2.0 等。通过深入细致的文献分析法,可剖析 STEAM 教育如何融入国内的中学数学教学。如统计分析 STEAM 教学设计案例,总结现有研究成果,总结成功经验与存在的问题,可为后续研究与实践提供坚实的理论基础与实证参考。

1.2 统计结果分析

(1)发文情况分析

采用 CiteSpace 软件细致分析相关文献的发文量,确保数据的精确性和时效性。将统计结果导入 WPS 表格进行整理分析,绘制年度发文量统计图(如图 1.1)。统计显示:关于 STEAM 教育在国内中学数学教学领域的研究始于 2014 年;初期成果有限,但自 2017 年起,该领域的研究呈现显著增长的趋势。这一

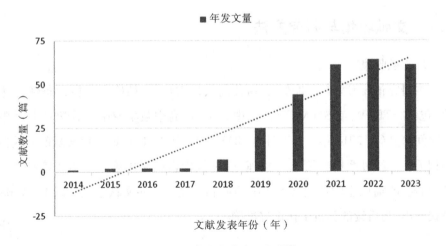

图 1.1 发文量直方图和趋势

趋势与 2017 年"第一届中国 STEM 教育发展大会"后 STEAM 教育在中国的普及和深化有关,表明 STEAM 教育融入中学数学教学的议题正受到越来越多的关注。该趋势不仅反映了 STEAM 教育理念在国内教育界逐步普及与深化,也预示着其在提升中学数学教学质量和培养学生综合素养方面具有较大的潜力与广阔的前景。

（2）高被引文献分析

高被引论文的出现,说明在某个研究时段有新的学术研究成果出现,或者该领域有新的研究得到突破[2]。由表 1.1 可知,2014—2023 年间论文发表时间主要集中在 2019 年及之后,文章的被引量均超过 9 次,福建省厦门第六中学的苏圣奎和杭州师范大学经亨颐教育学院的斯海霞是主要被引作者。其中,苏圣奎和陈清华的文章被引量达 32 次,斯海霞和叶立军、赵文静和张雨强的文章被引量达 28 次。

表 1.1　高被引文献 Top15 的信息

序号	论文题目	作者	发表期刊	发表年份	被引频次
1	发挥评价导向功能,促进创新人才培养:以高中生数学建模素养评价指标体系构建为例	苏圣奎、陈清华	中国教育学刊	2022	32
2	浙教版初中数学拓展性课程教材编写特点及改进建议	斯海霞、叶立军	数学教育学报	2019	28
3	初中数学课程中的 STEM 教育初探	赵文静、张雨强	中小学教师培训	2016	28
4	STEM 视域下的初中数学视域下的初中数学"综合与实践"教学:以"反比例函数问题"为例	黄雄	教学月刊·中学版（教学参考）	2019	18
5	STEAM 教育理念下高中数学主题式教学策略	唐海军、胡蓉、刘双等	教学与管理	2022	16
6	STEM 教育理念下数学教学实践探索	欧阳才学	中学数学教学参考	2019	12
7	STEM 理念下"杰尼西亚的耳朵"原理与应用探究:基于高中数学课程项目式学习案例	李健康	文化创新比较研究	2020	11

续表 1.1

序号	论文题目	作者	发表期刊	发表年份	被引频次
8	STEAM 教育提升数学阅读理解能力初探:以初中数学教学为例	汪灵枝、周柳波、龙世海	广西科技师范学院学报	2019	11
9	以 STEAM 校本课程推进数学核心素养培养初探	王晓霞	数学学习与研究	2019	10
10	STEAM 理念下的高中数学拓展课教学探究:以"奏响 PVC Tubulum 中的数学之声"为例	赵千惠、张维忠	数学通报	2023	9
11	数学核心素养下 STEAM 教育与初中数学"综合与实践"相融合研究	冯玲	淮南师范学院学报	2021	9
12	STEM 教育理念下初中数学正比例函数教学设计	陈国华、梁斌	中国教育技术装备	2020	9
13	基于 STEM 教育理念下的高中数学课堂互动教学模式实践探究	刘桂珍	新课程(下)	2019	9
14	"STEM"视角下的初中数学教学	孙海荣	数学教学通讯	2017	9
15	融合 STEAM 教育理念的初中数学"综合与实践"教学设计研究	费力权	中学数学	2021	9

3.关键词及聚类分析

关键词是文章主题和内容的高度概括,反映了该研究领域的热点,其频次反映了学者对该节点的关注程度[3]。本研究采用 CiteSpace 软件对精选文献的关键词进行了系统性的提取与分析,并依据频次高低排序,结果详见表 1.2。由表 1.2 可知,STEAM 教育融入我国中学数学教学的研究热点,主要围绕"教学设计""核心素养""数学建模"以及"教学实践"等核心议题展开。事实上,这些也是数学教育改革的核心话题,不仅反映了 STEAM 引领当前数学教育改革的前沿趋势,也强有力地证明了 STEAM 教育对于激发学生自主学习的潜能、提升学生的学科核心素养以及培育学生的创新实践能力具有很大的作用。由此可见,STEAM 教育融入中学数学教学,不仅为数学教学现代化转型奠定了理论基础,而且为数学教育实践者指明了探索路径,对推动我国数学教育改革具有深远且重大的现实意义。

表1.2 研究关键词Top10频次表

频次	中心度	年份	关键词
78	0.62	2017	初中数学
48	0.4	2018	高中数学
41	0.16	2019	教学设计
17	0.10	2017	核心素养
17	0.10	2019	数学建模
12	0.11	2020	教学实践
11	0.03	2020	教学策略
10	0.08	2017	数学教学
9	0.04	2020	教学模式
8	0.12	2016	数学

对关键词之间的内在联系与聚类特征进行聚类生成可视化图谱分析(图1.2)可知,发现类模块值(Q值)高达0.7105,远超0.3的阈值。可见,关键词表现出聚类结构的显著性与稳健性。同时,平均轮廓值(S值)达到了0.9571,远

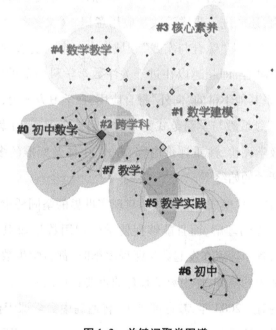

图1.2 关键词聚类图谱

高于 0.7 的标准,进一步验证了聚类的高效率与可信度[4]。进一步分析发现,除表 1.2 中列举的关键词外,"跨学科"这一关键词异军突起,逐渐成为研究的新热点。该趋势反映了跨学科背景下研究者及一线实践者正积极探索开发富有创意与实效的 STEAM 教学案例,丰富和完善校本课程体系,进而实现教学质量的全面提升。

4. STEAM 教学主题

STEAM 教学主题显著聚集在"综合与实践"和"数学建模"两大课程模块。具体而言,"综合与实践"活动在初中数学教学中占主导地位,而"数学建模"则在高中数学教学中应用广泛。这一分布特征并非偶然出现的,其背后隐藏着深刻的教育理念和教学实践的逻辑根源。其原因可归结为以下两个方面。

(1)与 STEAM 教育理念融合的可行性

"综合与实践"与"数学建模"是课程模块的重要组成部分,对于培养学生的创新思维、问题解决能力和实践操作能力具有不可替代的作用。STEAM 教育强调跨学科整合、创新与实践,致力于提升学生的跨学科综合素养和实践创新能力,和"综合与实践""数学建模"的课程设置理念不谋而合。

在初中阶段,学生们通过参加丰富多样的综合与实践活动,不仅能够感受到数学的独特魅力,还能进一步增强数学应用意识。《义务教育数学课程标准(2022 年版)》对初中数学"综合与实践"领域提出三个新要求:在学习内容上,强调跨学科内容的融合,即超越以往过于关注数学学科内部的"向内"综合应用,更重视数学联系其他学科的"向外"融合应用;在学习方式上,首次提出初中数学"综合与实践"领域教与学新范式为开展项目式学习[5];在教学评价上,重视与完善该领域教学评价,注重评价内容、方式、主体及标准的多维度,强调过程性评价贯穿于活动的始终[6]。

在高中阶段,数学建模成了连接数学与现实世界的坚固桥梁。它不仅能够加深学生对数学原理的理解,而且能够促使学生运用数学知识去解决实际问题。进入 21 世纪,各个国家在发起数学课程改革时,都将学生数学建模思想的形成和数学建模能力的培养,作为数学教育的重要目标之一[7]。数学建模是新课改的一项重要内容。2003 年,教育部颁布《普通高中数学课程标准(实验)》,首次提出数学建模。这是我国中学数学建模发展史上的一个里程碑。2017 年,

《普通高中数学课程标准(2017 年版)》将"数学建模"列为中学生六大数学学科核心素养之一,将数学建模活动与数学探究活动作为高中教学内容的四大主线之一和必修课程的五大主题之一,标志着数学建模教学正式走入中学的数学课堂。[8]

(2)与 STEAM 教育理念融合的有效性

STEAM 教育理念强调以真实问题或项目任务为载体,开展以参与者为主体的实践活动,通过统整运用多学科的知识和方法进行问题或任务的探究与解决。这与《义务教育数学课程标准(2022 年版)》对初中数学"综合与实践"提出的学习内容和学习方式要求具有一致性。"综合与实践"教学活动,通过融入科学、技术、工程和艺术等元素,不仅极大地丰富了教学内容,而且显著激发了学生的学习兴趣与创造力。此外,STEAM 教育理念下的评价体系注重多维度、多元化、全方位的评价,为有效打破该领域教学评价的局限提供了可借鉴的思路。[9]

STEAM 教育理念与高中数学建模高度契合。具体说来,数学建模活动是对现实问题进行数学抽象,用数学语言表达问题,用数学方法构建模型解决问题的过程。[10]因此,高中数学建模教学结合 STEAM 教育理念,可以引导学生多角度、多层次地思考问题,培养学生的批判性思维和综合运用知识的能力。通过深度融合,数学教学不仅更贴近实际生活,增强了挑战性和趣味性,还显著提高了教学质量。STEAM 教育以培养创新思维能力为教育理念,在数学的基础上,融合工程、艺术、科学和技术,把书本知识和现实中的真实情境联系起来,以项目学习或者问题学习为主要学习模式,采取动手操作、自主探究、小组协作的方式,促使学生积极思维、表达交流,发展学生领悟和运用跨学科知识的能力,使学生在实践活动中解决实际问题。[11]

1.3 总结与展望

研究显示,STEAM 教育在国内中学数学教学中的融合趋势正在加快。在综合与实践活动和数学建模领域,STEAM 教育的应用效果尤为显著。这种融合模式不仅提升了学生的核心素养,而且极大地激发了学生的创新思维能力和实践操作能力。具体而言,在初中数学教学中,多样化的综合与实践活动让学生动手操作,亲身感受数学的魅力,从而增强数学应用意识。在高中数学教学中,数学建模是连接数学与现实世界的纽带,能够帮助学生深入掌握数学原理,并运用数学原理解决实际问题。STEAM 教育理念的融入,使得这些教学活动更贴近实际,更具挑战性和趣味性,从而有力地推动数学教学质量的提高。

然而,当前的研究仍存在不足,例如关于 STEAM 教育融入中学数学教学的具体实施策略、效果评估等方面的研究尚不够深入。未来,研究者应进一步关注以下几个方面:一是如何结合我国教育实际,开发更具针对性和实效性的 STEAM 教学案例;二是如何构建科学的评价体系,以全面评估 STEAM 教育融入中学数学教学的效果;三是如何加强师资培训,提高教师对 STEAM 教育理念的理解能力和应用能力。随着教育改革的不断深入和 STEAM 教育理念的进一步传播,会有更多的研究者和实践者投身于这一领域,共同推动中学数学教学的创新性发展。

参考文献

[1]中华人民共和国教育部. 义务教育数学课程标准:2022 年版[S]. 北京:北京师范大学出版社,2022.

[2]钱文静,张有奎. 人类命运共同体研究的可视化知识图谱分析[J]. 西南民族大学学报(人文社科版),2020,41(7):222 – 230.

[3]程晏萍,黄千芷,董慈蔚. 大数据在供应链管理中应用的研究现状:基于 CiteSpace 的知识图谱分析[J]. 华中师范大学学报(自然科学版),2021,55(3):453 – 461.

[4]陈悦,陈超美,胡志刚,等. 引文空间分析原理与应用:CiteSpace 实用指南[M]. 北京:科学出版社,2014.

[5]丁子星,代钦. 改革开放以来我国初中数学"投影与视图"内容的演变:兼论基于 STEAM 教育理念的教学[J]. 内蒙古师范大学学报(教育科学版),2021,34(3):79 – 90.

[6]蔡庆有. 数学"综合与实践"内容的课程分析[J]. 教学与管理,2017(1):58 – 61.

[7]蔡金法,徐斌艳. 也论数学核心素养及其构建[J]. 全球教育展望,2016,45(11):3 – 12.

[8]戴姗姗. STEAM 教育理念下高中数学建模活动的教学研究[D]. 金华:浙江师范大学,2023.

[9]林慧. STEAM 教育理念下的初中数学"综合与实践"教学设计研究[D]. 金华:浙江师范大学,2023.

[10]中华人民共和国教育部.普通高中数学课程标准:2017 年版 2020 年修订[M].北京:人民教育出版社,2020:34.

[11]朱予橦.STEAM 教育理念下小学数学文化校本课程开发研究[D].重庆:西南大学,2021.

第二章 STEAM 与初中数学知识领域教学案例

在义务教育阶段,数学课程内容涵盖数与代数、图形与几何、统计与概率、综合与实践四大领域。数与代数、图形与几何、统计与概率领域以数学核心概念和基本原理为脉络,逐步深入,各学段主题各异。综合与实践领域旨在提升学生运用所学知识和技能解决现实问题的能力,依据不同学段的学生的特点,主要采用跨学科主题学习,同时适当融入主题式学习和项目式学习方法。设计的问题情境真实且复杂,旨在引导学生综合运用数学及跨学科知识与技能解决问题,培养学生的抽象能力、运算能力、几何直观、空间观念、推理能力、数据分析观念、模型观念、应用意识以及创新意识等核心素养。以下将针对这四个学习领域选取案例,进行基于 STEAM 的教学案例设计。

2.1 基于 STEAM 的初中数学"数与代数"教学案例

在中学数学课程中,数与代数占据着举足轻重的地位,不仅为其他理科学科打基础,而且在中考中也占有相当大的比重。根据相关数据,数与代数在中考数学中约占50%的分值,涵盖"数与式""方程与不等式""函数"等重要内容,是学生认识数学关系、探索数学规律、建立数学模型的基石,也是学生初步形成抽象能力和推理能力、用数学语言表达现实世界的重要载体。[1]

"数与式"是代数的基本语言,其内容包括实数和代数式两部分。实数主要包括有理数和无理数的概念、性质与运算,通过实数的形成过程初步理解数域的扩充。代数式主要包括代数式的概念、性质和基本运算。字母可以像数一样进行运算和推理,通过字母运算和推理得到的结论具有一般性,构成了进一步学习的基础。[2]"方程与不等式"以及"函数"构成了数学基础模型的核心。方程与不等式展现了数学中最根本的数量关系——等量关系与不等量关系。方程涵盖单变量一次方程、双变量一次方程及其方程组、分数方程和二次方程;不等式则包括单变量一次不等式及其不等式组。"函数"专注于变量间的关系,揭示事物变化的法则。作为描述数量关系的数学模型,其内容涉及正比例函数、线性函数、反比例函数和二次函数。通过应用方程、不等式和函数这些工具,学生能够描述现实世界中的数量关系和变化法则,从而逐步发展抽象思维,树立构建模型的意识,增强计算能力。

在数与代数的学习过程中,学生需要掌握有理数的运算,了解无理数和实数的概念,同时还需要掌握代数式的表示、运算以及方程的解法等基本技能。需要强调的是,函数不仅是数与代数领域一颗璀璨的明珠,而且是开启学生解决实际问题智慧之门的钥匙。它要求学生深刻领会函数的定义和特性,灵活应用这些理论,把抽象的知识转化为解决现实问题的技能。数列与排列组合以及逻辑推理与证明等内容则进一步拓宽了学生的视野,培养了他们的抽象思维和逻辑推理能力。

STEAM教育强调知识的整合与应用,鼓励学生通过探究、实践和创新来解决问题,这与"数与代数"的教学目标高度契合。将"数与代数"与科学探索、技术应用、工程设计、艺术创作等相结合,将为学生提供丰富多样的学习体验,帮助学生深入理解并掌握数学知识,同时提高综合素养。本研究从"数与式""方程与不等式""函数"中分别选取"认识无理数""解一元二次方程""二次函数的图象和性质"三个典型课例,探索将STEAM教育理念融入初中"数与代数"课程的教学方案,为未来的STEAM教育提供借鉴。

案例1:认识无理数

1.案例介绍

本案例选自人教版数学七年级下册(六三学制)第6章《实数》第3节"实数"(第1课时),是"数与代数"中的"数与式"这部分的内容,如图2.1所示。本章内容比较零散、抽象,概念相对较多,主要包括平方根、算术平方根、立方根的概念及性质,实数的概念、分类、运算及在数轴上的表示,近似数及估算等知识。[3]面对以概念为主且抽象的数学知识,教师更要重视知识的系统性,把握知识的发展脉络,构建知识发展链条,将分散的知识点串联起来,形成知识的集合体,全面理解知识的架构,运用数形结合等数学教学策略,使抽象概念的学习过程更加自然流畅。

6.3 实数

 探究

我们知道有理数包括整数和分数，请把下列分数写成小数的形式，你有什么发现？

$$\frac{5}{2},\ -\frac{3}{5},\ \frac{27}{4},\ \frac{11}{9},\ \frac{9}{11}.$$

我们发现，上面的分数都可以写成有限小数或者无限循环小数的形式，即

$$\frac{5}{2}=2.5,\ -\frac{3}{5}=-0.6,\ \frac{27}{4}=6.75,\ \frac{11}{9}=1.\dot{2},\ \frac{9}{11}=0.\dot{8}\dot{1}.$$

事实上，如果把整数看成小数点后是 0 的小数（例如，将 3 看成 3.0），那么任何一个有理数都可以写成有限小数或无限循环小数的形式。反过来，任何有限小数或无限循环小数也都是有理数。

通过前两节的学习，我们知道，很多数的平方根和立方根都是无限不循环小数，无限不循环小数又叫做无理数（irrational number）。例如$\sqrt{2}$，$-\sqrt{5}$，$\sqrt[3]{2}$，$\sqrt[3]{3}$等都是无理数，$\pi = 3.141\ 592\ 65\cdots$也是无理数。

像有理数一样，无理数也有正负之分。例如，$\sqrt{2}$，$\sqrt[3]{3}$，π 是正无理数，$-\sqrt{2}$，$-\sqrt[3]{3}$，$-\pi$ 是负无理数。

有理数和无理数统称实数（real number）。这样，我们学过的数可以这样分类：

$$\text{实数}\begin{cases}\text{有理数}\begin{cases}\text{正有理数}\\0\\\text{负有理数}\end{cases}\text{有限小数或无限循环小数}\\[2pt]\text{无理数}\begin{cases}\text{正无理数}\\\text{负无理数}\end{cases}\text{无限不循环小数}\end{cases}$$

由于非 0 有理数和无理数都有正负之分，实数也有正负之分，所以实数还可以按大小分类如下：

$$\text{实数}\begin{cases}\text{正实数}\\0\\\text{负实数}\end{cases}$$

图 2.1　无理数

"无理数的探索"是中学数学中第二次数系扩充的起始课程，是七年级学生初次接触数系扩充后第二次学习数系扩充的有关课程。在小学阶段，学生已经学过非负有理数。七年级引入负数的概念，从而将对数的认识扩展到有理数的范畴。本章通过介绍无理数，进一步将数系从有理数扩展至实数。作为第二次数系扩充的核心，无理数的引入让学生深刻感受到有理数之外的数的存在，激发了他们对"数的局限性"的思考，从而理解数系扩充的必要性。本节课不仅应用了之前学习的勾股定理，而且为后续学习无理数打了基础，起到承上启下的作用。教材强调无理数的实际应用背景，让学生探索发现无理数的历史过程。

通过勾股定理的学习，学生已经明白什么是勾股数，但也发现并不是所有直角三角形的边长都是勾股数，有些直角三角形的边长连有理数都不是。例如：腰长为 1 的等腰直角三角形的底边长不是有理数；直角三角形的两条直角边的边长分别为 1 和 2，其斜边的长度也不是有理数。这为引入"新数"做了铺垫。

　　结合 STEAM 教育理念,并参考多个成功的跨学科教学案例,我们精心设计了"认识无理数"这一跨学科教学活动。该活动旨在通过解决实际问题,提升学生的综合素养和创新能力。通过解决实际问题,学生加深了对无理数概念的理解,并同步培养了创新思维、动手实践能力以及跨学科的综合思维能力。

　　2.课标要求

　　(1)了解无理数的概念。从有理数扩充到实数是第三学段数系发展的最终阶段,中学数学涉及的数值问题主要在实数的范围内探讨。同时,实数也是后续学习的基础。

　　(2)理解无理数的产生背景及引入的必要性。能够借助具体背景和实践活动,例如拼图活动,深入了解无理数产生的实际情境及其在数学体系中的重要性。

　　(3)判断一个数是否为无理数。能够在具体情境中判断一个数是否为无理数,并能说出理由。

　　(4)辨析无理数与有理数的差异,深入探索无理数的定义。能够对比和分析无理数与有理数的不同,准确辨别数的类型,锻炼推理能力与决策能力。

　　(5)了解数的归类。能够从不同的视角准确地将已学的数归类,并阐述分类的依据,以加深对分类概念的理解,提升解决难题的技能。

　　3.学习目标

　　(1)知识目标:了解无理数的概念,能够判断一个数是不是无理数。

　　(2)能力目标:能够判断一个数是否为无理数,并能说出理由,会在方格纸上构造长度为非有理数的线段。

　　(3)素养目标:能够通过拼图活动感受客观世界中非有理数的存在,激发对数学的浓厚兴趣与持久热爱,增强数学应用意识,进而全面提升综合素养。

　　(4)STEAM 素养目标:通过精心设计方案、合理选择工具及有序开展工程,深刻感受到跨学科融合教学的魅力,从而有效提升 STEAM 素养。

　　4.教学重点与难点

　　(1)教学重点:判断一个数是否为无理数。

　　(2)教学难点:在方格纸上构造长度为非有理数的线段。

5.跨学科知识点分布

本案例中的跨学科知识点分布,如表 2.1 所示。

表 2.1　本案例中的跨学科知识点

学科	知识点分布
数学	无理数的定义,无理数的性质,无理数的估算
技术	了解无理数在计算机编程中的表示和运算方法,掌握无理数在工程设计中的运用,如黄金分割在建筑、艺术设计中的应用
工程	了解黄金分割在建筑设计中的应用,提高建筑的美学价值;掌握无理数在桥梁设计中的运用,如计算斜拉桥索长
艺术	了解无理数在绘画构图中的应用,如黄金分割构图法;掌握无理数在音乐创作中的运用,如音律的计算
科学	了解无理数在物理学中的应用,如圆周率 π 在计算圆的周长和面积时的运用;掌握无理数在化学实验数据记录和计算中的应用,如溶液浓度的计算

6.条件准备

【所需物品】人教版数学七年级下册中无理数和实数概念相关的教学材料,如纸片、圆规、剪刀、计算器等。

【知识准备】系统复习有理数的相关知识,并熟练掌握运用有理数进行基础运算的技巧。

7.教学过程

(1)创设情境,提出新知

【教师活动】

任务 1:无理数概念的形成

探究问题 1:画出一个面积为 2 的正方形,首先需要计算正方形的边长。根据正方形面积的计算公式 $S = a * a$,其中 S 是面积,a 是边长,可以得出 $a = \sqrt{S}$。将面积 $S = 2$ 代入公式,得到 $a = \sqrt{2}$。因此,画出一个面积为 2 的正方形,需要画出边长为 $\sqrt{2}$ 的正方形。

指导学生实际操作,研究连接正方形 *ABCD* 各边中点所构成的新正方形 *EFGH*,并算出其面积等于 2,如图 2.2 所示。

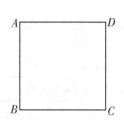 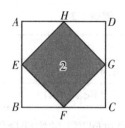

图 2.2　面积是 4 的正方形 ABCD 和面积是 2 的正方形 EFGH

探究问题 2：设想一个边长为 a 的正方形 EFGH，已知 a 的平方等于 2，那么边长 a 能否被归类为有理数？

借助图 2.2 提出问题：既然一个面积为 2 的正方形的大小介于面积为 1 和 4 的正方形之间，那么它的边长 a 也应该介于 1 和 2 之间。

探究问题 3：根据问题 2 整理边长和面积的关系，填写表 2.2。

探究问题 4：根据问题 3 可以确定边长 a 的取值范围吗？ 如表 2.3 所示。a 是有限小数吗？借助计算器求得 $a = 1.414\ 213\ 562\ 373\cdots$它是一个无限不循环小数，我们将无限不循环小数叫作无理数。仿照有理数的分类，无理数可以分为正无理数和负无理数。[4]

探究问题 5：有哪些已知的无理数？

【学生活动】思考问题的结果，并用准备好的工具完成。

表 2.2　边长与面积的关系

边长 a	面积 S	边长 a	面积 S
1	1	1.41	1.9881
1.1	1.21	1.42	2.0164
1.2	1.44	1.412	1.9937
1.3	1.69	1.413	1.9966
1.4	1.96	1.414	1.9994
1.5	2.25	1.415	2.0022

表 2.3　边长与面积的关系

边长 a	面积 S
$1 < a < 2$	$1 < S < 4$
$1.4 < a < 1.5$	$1.96 < S < 2.25$

续表 2.3

边长 a	面积 S
$1.41 < a < 1.42$	$1.9881 < S < 2.0164$
$1.414 < a < 1.415$	$1.9994 < S < 2.0022$

【设计意图】通过问题 1 的实践操作,构建了一个面积为 2 的正方形。通过观察具体图形,计算边长 a 的数值,发现边长无法用已知的数字精确表达。通过问题 2 和问题 3,让学生认识到边长 a 并不符合有理数的性质,它是一个无限不循环小数,从而自然地引入无理数的概念,让学生体会到逼近法和合情推理等数学思想在数学学习中的重要性。最终,通过问题 5 的讨论,丰富学生对无理数的认识。

(2)借助数轴,探索新知

【教师活动】

任务 2:数轴上的无理数表示。所有有理数均能在数轴上找到对应点,那么无理数是否也能在数轴上找到位置? 我们应如何在数轴上准确地表示无理数呢?

探究问题 6:假设我们有周长为 π 的圆形纸片,怎样在数轴上表示 π?

探究问题 7:如何在数轴上表示 $\sqrt{2}$?

探究问题 8:教师用几何画板展示 $\sqrt{2}$。如图 2.3 所示。

用数轴上的点表示 $\sqrt{2}$

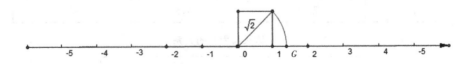

图 2.3 几何画板演示

【学生活动】各小组合作完成活动,并派代表进行展示。

探究活动 1:画出并剪下直径为 1 cm 的圆形纸片,计算圆形纸片的直径与周长。讨论并展示在数轴上表示 π 的过程。如图 2.4 所示。

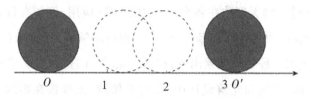

图 2.4　在数轴上表示 π

探究活动 2：利用直尺画一个直角边长为 1 的等腰直角三角形，再借助圆规以其斜边为半径画圆，形成相应的弧线，那么弧线和数轴的交点就是 $\sqrt{2}$。[5] 如图 2.5 所示。

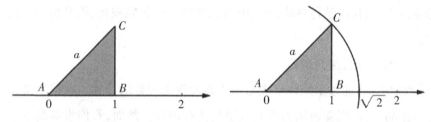

图 2.5　绘制直角边长为 1 的等腰直角三角形

【设计意图】以 π 为主题，设计更符合学生认知的教学方式。探索方法中融入了物理学中的滚动与滑动摩擦问题，加强了跨学科知识的联系。使用几何画板进行动画展示，更精确地体现教学的正面作用。拼图活动让学生从"形"的角度理解无理数在数轴上的具体位置，提出了两种方法。通过实践教学，学生不仅积累了探索无理数的经验，还有效地提升了数学思维能力，增强了创新意识。

（3）辨析概念，促进深化

【教师活动】让学生以小组为单位进行思考和辨析。

请判断以下描述是否准确？若不准确，请提供相应的解释。

①所有的无理数均为无限小数。

②无限小数全部属于无理数的范畴。

③所有带根号的数均为无理数。

【学生活动】回答问题并列举实例进行说明。

【设计意图】辨析是深刻理解概念的重要途径之一，可以很好地检测学生对概念的理解深度。此环节鼓励学生合作与争辩，通过思考和辨析，深刻理解无理数的概念。

（4）拓展延伸，学科融合

【教师活动】了解无理数在各个学科中的实际应用，例如在计算机科学中，无理数常用于表示像素坐标和颜色值；在工程技术领域，无理数（如圆周率 π）在机械设计、土木工程领域频繁出现；在艺术领域，无理数（如黄金分割比例）被广泛应用于绘画、雕塑和建筑设计中；在科学领域，无理数在物理、化学等学科中也应用广泛。

【学生活动】了解无理数在不同学科中的应用，以及数学与其他学科的紧密联系。

【设计意图】通过跨学科知识拓展，让学生了解无理数不仅在数学学科中具有重要意义，在其他学科领域也应用广泛，帮助学生拓宽视野，提升跨学科思维能力。

（5）融入思政，提升素养

【教师活动】通过多媒体呈现希伯索斯发现无理数的历程。在毕达哥拉斯学派的影响下，人们普遍认为所有数字均为有理数。然而，希伯索斯揭示了边长为 1 的正方形对角线长度无法用有理数表达，这一发现导致他遭受了生命的威胁。但真理终究是不可战胜的。随后，数学家们证实了希伯索斯的观点，即在方程 $a^2 = 2$ 中，a 并非有理数。

【学生活动】分享听故事后的感悟。

【设计意图】依据新课程标准，数学文化教育不仅要展示数学的发展历程和数学家的创新思维，而且要展现数学在社会中的实际应用。在课堂上引入与无理数相关的数学家故事，不仅丰富了教学的文化内涵，而且有助于学生树立一丝不苟的科学态度。

（6）课堂小结，升华认识

回顾本节课的学习过程，学生相互交流感想和收获。最后，教师对学习的无理数相关知识及探究方法进行总结和归纳，帮助学生进一步梳理实数的结构以及无理数的特征。

（7）分层作业，巩固发展

【基础题】课后练习题。

【选做题】用数学符号语言，推理证明 $\sqrt{2}$ 是无理数。

8. 教学效果评估表

(1)学习态度评价(表2.4)

表2.4　学习态度评价

评价内容		自评	互评
学习常规	积极思考,完成课堂实践活动		
	认真聆听老师讲课,积极回答问题		
	认真聆听同学发言,主动找出同学与自己的观点的异同之处,发表自己的观点		
合作交流	主动与同学交流,采纳他人好的建议,发表自己的观点		
总分			

(注:出色完成记5分,完成较好记4分,完成一般记3分,完成不好记2分。下同。)

(2)知识性评价(表2.5)

表2.5　知识性评价

学习目标	新手	学徒	熟练	出色	完美	自评	师评
能够理解无理数的概念及其产生背景							
能够判断一个数是否为无理数,并说明理由							
能够辨析无理数与有理数的差异							
能够对所学的数进行分类							

(3)技能性评价(表2.6)

表 2.6　技能性评价

评价内容	熟练掌握	基本掌握	初步掌握	未掌握	自评	师评
能够利用方格纸构造长度为非有理数的线段						
能够清晰地说出无理数与有理数的区别						

（4）综合性评价（表 2.7）

表 2.7　综合性评价

评价等级	评价内容	自评	师评
优秀	对无理数的概念有深刻的理解,积极参加课堂活动,展现出较强的数学应用意识和较高的 STEAM 素养		
良好	对无理数的概念有一定的理解,愿意参加课堂活动,展现出一定的数学应用意识和 STEAM 素养		
中等	对无理数的概念基本理解,愿意参加课堂活动,但数学应用意识和 STEAM 素养有待提高		
待提高	对无理数的概念理解不够深入,参加课堂活动的积极性不高,需要进一步增强数学应用意识,提升 STEAM 素养		

9. 总结与反思

本次教学活动有效地将 STEAM 教育理念与初中"数与代数"课程相结合,通过在实际生活中寻找正方形边长的例子,让学生体验数不够用的现实场景;通过讨论等方式,无限逼近的数学思想得到无理数的概念,让学生从中体会数学学习的乐趣。这种方式能够帮助学生将抽象的数学知识具体化,构建系统化的知识结构。活动中,教师引导学生复习已学知识,探索新知识,培养数学探究能力以及分类和归纳思维,为未来的数学学习奠定坚实的基础。

案例 2:解一元二次方程

1. 案例介绍

本案例选自人教版数学九年级上册(六三学制)第 21 章《一元二次方程》第

2节"解一元二次方程"(第1课时),如图2.6所示,是"数与代数"中的"方程与不等式"这部分的内容。一元二次方程是代数领域的重要内容,也是代数领域具有代表性的主题。其以一元二次方程的求解与应用为核心主题,涉及一元二次方程的概念、求解方法及建模应用,通过围绕主题组织教学活动,完善学生的方程知识结构,提升学生解方程的能力与建模能力。一元二次方程与一元一次方程同为数学教学中最基本、最重要的内容,为学生深入学习方程、函数等数学知识奠定基础,也是解决实际问题的有力工具。

21.2　解一元二次方程

21.2.1　配方法

问题1　一桶油漆可刷的面积为1 500 dm²,李林用这桶油漆恰好刷完10个同样的正方体形状的盒子的全部外表面,你能算出盒子的棱长吗?

设其中一个盒子的棱长为 x dm,则这个盒子的表面积为 $6x^2$ dm²。根据一桶油漆可刷的面积,列出方程

$$10 \times 6x^2 = 1\,500. \qquad ①$$

整理,得

$$x^2 = 25.$$

根据平方根的意义,得

$$x = \pm 5,$$

即

$$x_1 = 5, \quad x_2 = -5.$$

可以验证,5和-5是方程①的两个根,因为棱长不能是负值,所以盒子的棱长为5 dm。

用方程解决实际问题时,要考虑所得结果是否符合实际意义.

一般地,对于方程

$$x^2 = p \qquad\qquad (\text{I})$$

(1) 当 $p > 0$ 时,根据平方根的意义,方程(I)有两个不等的实数根

$$x_1 = -\sqrt{p}, \quad x_2 = \sqrt{p};$$

(2) 当 $p = 0$ 时,方程(I)有两个相等的实数根 $x_1 = x_2 = 0$;

(3) 当 $p < 0$ 时,因为对任意实数 x,都有 $x^2 \geq 0$,所以方程(I)无实数根.

图2.6　解一元二次方程

一元二次方程的解法是初中方程的重要内容之一,与后续的二次函数和一元二次不等式等内容联系紧密,在教材整体架构中起着重要的衔接作用。对于一元二次方程解法的编排,教材采用由特殊到一般的教学路径:首先介绍直接开方法,进而介绍公式法,最后是因式分解法。配方法是开平方法的延伸。

九年级学生已具备扎实的数学基础,已深刻理解和掌握一元一次方程、二元一次方程组、不等式及函数等基本概念和解题方法,能够熟练地解一元一次方程,理解等式变形求解的过程,掌握等式的性质,并熟悉不等式的解法,能解

决实际问题。九年级学生已建立函数的概念,理解图象与性质,学会运用函数解决实际问题。这都为学生理解一元二次方程与函数的关系奠定了基础。九年级学生已经具备较强的代数运算能力,包括加、减、乘、除、乘方等,为解复杂的一元二次方程打好了基础。经过前期的系统学习,学生们已经掌握了将实际问题转化为数学模型的关键技能,能够熟练运用列方程的方法求解各类数学问题。

本案例设计了一次跨学科的 STEAM 教学活动。通过跨学科的教学活动,学生能够用数学的眼光观察并理解一元二次方程在美术、体育、物理等不同领域的应用实例,如美术中的构图比例、体育中的抛物线运动、物理中的自由落体等,感受数学与现实生活的紧密联系。在解决各类实际问题的实践中,学生们能够灵活运用一元二次方程的相关概念和解法,深入分析,构建数学模型,并成功求解,从而有效锻炼逻辑思维和解决问题的能力。同时,学生能够准确运用一元二次方程的相关术语和符号,清晰地表达解题思路和解题过程,以及在跨学科应用中的发现和结论,提升数学语言的应用能力。

2. 课标要求

(1)学会解一元二次方程。能够掌握并应用开方法、配方法等方法来解一元二次方程。

(2)解决实际问题。能够针对具体问题的实际含义,验证解方程的合理性,并能运用一元二次方程来处理实际问题,如平均变化率问题、面积问题以及利润问题。

(3)领略中国传统数学文化的魅力,感悟数学智慧,增强文化自信。

3. 学习目标

(1)知识目标:熟练掌握直接开方法和配方法,会解一元二次方程;能够根据实际问题,构建一元二次方程的数学模型,并灵活运用所学知识解决问题。

(2)能力目标:培养提出问题、分析问题的能力,能够自主建立一元二次方程的数学模型,并运用该模型有效解决实际问题。

(3)素养目标:利用配方法解一元二次方程,深刻理解这一数学理念;设计各种问题情境,感受构建数学模型解决现实问题的成就感,深刻理解方程的含义与功能。

（4）STEAM素养目标：参与方案的设计、工具的选择及工程的实施，亲身体验跨学科融合教学的魅力，进而提升STEAM素养。

4.教学重点与难点

（1）教学重点：通过配方法求解一元二次方程，构建基于现实情境的一元二次方程的数学模型，并运用此模型解决问题。

（2）教学难点：构建一元二次方程与现实问题相对应的数学模型；区分方程解答与现实问题解答的不同。

5.跨学科知识点分布

本案例中的跨学科知识点分布，如表2.8所示。

表2.8　本案例中的跨学科知识点

学科	知识点分布
数学	相似部分知识、测量、计算、比例
技术	在物理学科中，一元二次方程无处不在。比如，弹簧的振动、抛体运动等都可以用一元二次方程来描述
工程	测量旗杆高度的操作过程，模具的使用
艺术	一元二次方程和美术的关系。比如，黄金分割比就是一个特殊的一元二次方程的解。它被广泛应用于美术作品中，能让作品看起来更和谐、美观
科学	设计方案时，需要科学的想法和理念

6.条件准备

【所需物品】人教版数学九年级上册、计算器、长方形纸片。

【知识准备】复习二元一次方程和方程组的相关知识，如方程的定义、解题步骤以及它们在实际生活中的应用。熟悉一元一次方程 $ax+b=0$ 的标准形式及其解题技巧。

7.教学过程

（1）复习旧知，引入概念

【教师活动】用PPT展示问题，并引导学生解决问题。

探究问题1：①$x^2=16$；②$(x+6)^2=49$。

利用直接开方法解方程，引导学生将方程转化成几何语言来解决，即将 x^2、$(x+6)^2$ 视为边长分别为 x 和 $x+6$ 的正方形的面积。通过方程得知，这两个正方形的面积分别是 16 和 49。通过计算,找出对应的边长,从而解出未知数 x 的值。

探究问题 2:现有一张长为 $x+6$、宽为 x、面积为 55 的长方形纸片,甲同学发现通过以下步骤可以将长方形纸片拼成一个大正方形。请利用手中的长方形纸片来验证甲同学的做法是否正确,并依次在表格中写出表示该图形面积的等式。(小组之间相互交流,尝试拼一拼、画一画。)如图 2.7 所示。[6]

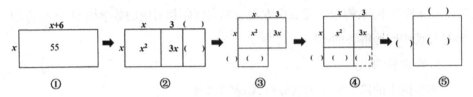

图 2.7　演示过程

①$x(x+6)=55$;　　②$x^2+3x+(3x)=55$;　　③_____;

④$x^2+3x+(3x)+(9)=55+(9)$;　　⑤$x(x+6)=55 \rightarrow (x+3)^2=64$.

【学生活动】在教师的引导下,完成问题的求解。

【设计意图】通过让学生积极参与实践性学习,有效地提升学生的观察能力、团队协作能力、实际操作技能和符号运用意识,以及加深学生对几何图形的直观理解。引导学生从数学史的角度来观察世界,从而激发学生对数学的兴趣和创造力。

(2)概念精讲,例题精练

【教师活动】指出探究问题 2 的过程就是配方的过程,并给出应用配方法的步骤:对二次项系数为 1 的一元二次方程配方时,在方程两边各加上一次项系数一半的平方,将等式左边化成完全平方式,右边为一个非负常数。根据符号语言表达形式变化的具体过程,总结归纳配方法的步骤,即移(②到③)、加(④)、化(⑤)、解。继续用多媒体展示问题,引导学生理解并领会配方法的规律,完成探究问题。

探究例题 1:

$$(1)\, x^2+8x+\underline{\qquad}=(x+4)^2.$$

$$(2)\, x^2-3x+\underline{\qquad}=\left(x-\frac{3}{2}\right)^2.$$

$$(3)\, x^2-12x+\underline{\qquad}=(x-\underline{\qquad})^2.$$

探究例题 2:如图 2.8 所示,为了满足绿化标准,计划在花园的角落里打造一个正方形草坪。已知草坪的面积加上周长的总和为20,且在草坪周围预留了2单位宽度的小径,用于铺设地砖。现在需要计算所需地砖的总面积。

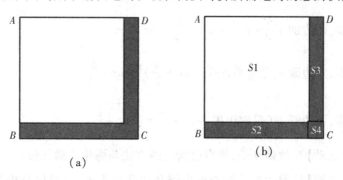

(a)　　　　　　　　(b)

图2.8　花园示意图

方法1:设正方形草坪边长为 x,根据题意列方程:

$$x^2 + 4x = 20.$$

加:$x^2 + 4x + 4 = 20 + 4.$

化:$(x+2)^2 = 24.$

利用开平方法求 x。

方法2:设正方形草坪边长为 x,将图形分割,如图2.8(b)。根据图可得:

$S(\square ABCD) = S1 + S2 + S3 + S4, S1 = 20 - 4x, S2 = S3 = 2x, S4 = 2 \times 2 = 4.$

代入得:$(x+2)^2 = 20 - 4x + 4x + 4$,即 $(x+2)^2 = 24$,利用直接开方法即可求得 x。

【学生活动】利用配方法解方程,进行方程配方并求解;计算所需地砖的面积,也就是求解正方形草坪的边长。

【设计意图】学生解答例题1时可能会遇到格式上的难题,教师应关注学生解题的整个过程,及时发现并协助解决问题。将正确的解题格式书写在黑板上,并指出其中的关键点。计算例题2中的正方形草坪的边长时,学生可能会采用两种不同的方法。教师应引导学生对比几何法和代数法这两种方法的异同点。

(3)总结新知,追根溯源

【教师活动】据史料记载,历史上首次出现的配方法或许源自古希腊数学家海伦(Heron)。他采用了"纯代数法"来解二次项系数不为1的方程:$ax^2 + bx =$

c,步骤如下:

第一步,两边乘以 a:$a^2x^2 + abx = ac$.

第二步,两边加上 $\dfrac{b^2}{4}$:$a^2x^2 + abx + \dfrac{b^2}{4} = ac + \dfrac{b^2}{4}$.

第三步,左边改成完全平方式:$(ax + \dfrac{b}{2})^2 = ac + \dfrac{b^2}{4}$.

第四步,两边开方(只取正根):$ax + \dfrac{b}{2} = \sqrt{ac + \dfrac{b^2}{4}}$.

【学生活动】与教师互动,将自己所用的方法与海伦法做比较。

【设计意图】培养学生的批判性思维和团队协作能力;对比分析各种方案,加深学生对二次项系数不为 1 的一元二次方程的理解。

(4)融入思政,提升素养

【教师活动】环节 1:探索数学的历史,提出古代巴比伦的祭司运用几何学的证明技巧,通过切割、补充和重组长方形,将其变换成一个大的正方形以解决数学难题,理解配方法的诞生过程。使用"割补化方"的技巧来解决一元二次方程。面积割补法是数学学科中常用的解题方法。在中国古代数学著作《九章算术》中,它被称为出入相补原理,也叫作以盈补虚。

环节 2:了解阿拉伯著名数学家阿尔·花拉子米(Al-Khwarizmi)。他在《代数学》中提出:一平方与十根等于二十迪拉姆,求根。花拉子米通过两种几何手段解决了单变量二次方程问题,并给这类方程建立了模型,促进了符号代数的发展。

环节 3:介绍运用古希腊数学家海伦的"纯代数法"解方程的步骤。印度数学家婆罗摩笈多(Brahmagupta)同样运用了配方法,不过他在形式上进行了优化,使得解答过程更为简洁。

【学生活动】分享对数学文化的认识和感悟。

【设计意图】教学生从数学史的视角来审视世界,激发他们对数学的兴趣和创造力。

(5)拓展延伸,学科融合

【教师活动】引入一元二次方程在美术、体育、物理等领域的应用实例。提供一些跨学科项目设计任务,将所学的一元二次方程知识用于解决实际问题。

例如,设计一个抛物线运动的模型来模拟体育比赛中的投篮轨迹,或者设计一个建筑模型来体现美术中的黄金分割比。

【学生活动】参与讨论,了解一元二次方程在不同学科中的应用,感受数学与其他学科的紧密联系。通过观看实例和参与项目设计,亲身体验一元二次方程在实际中的应用,提升解决问题的能力。小组合作完成跨学科项目设计任务,展示成果并进行交流。

【设计意图】通过跨学科知识拓展,让学生认识到一元二次方程不仅在数学学科中具有重要意义,在其他学科中也应用广泛,帮助学生拓宽视野,提升跨学科思维能力和实际应用能力。

(6)课堂小结,分享收获

通过本节课的学习,你有哪些感受或收获? 如何用配方法解一元二次方程? 配方法的几何解释对你理解配方法有什么帮助?

(7)布置作业,巩固提高

用配方法解方程 $4x^2 - 8x - 5 = 0$。

8. 教学效果评估表

(1)学习态度评价(表 2.9)

表 2.9 学习态度评价

评价内容		自评	互评
学习常规	积极思考,完成课堂实践活动		
	认真听老师讲课,积极回答问题		
	认真听同学发言,主动找出同学与自己的观点的异同之处,发表自己的观点		
合作交流	主动与同学交流,采纳他人好的建议,发表自己的观点		
总分			

(2)知识性评价(表 2.10)

表 2.10 知识性评价

学习目标	新手	学徒	熟练	出色	完美	自评	师评
掌握运用直接开方法、配方法解一元二次方程的技巧							

续表 2.10

学习目标	新手	学徒	熟练	出色	完美	自评	师评
能够根据实际问题构建一元二次方程的数学模型并解决问题							

(3)技能性评价(表 2.11)

表 2.11　技能性评价

评价内容	熟练掌握	基本掌握	初步掌握	未掌握	自评	师评
运用配方法解一元二次方程						
根据问题建立一元二次方程的数学模型						
解决实际问题的能力						

(4)综合性评价(表 2.12)

表 2.12　综合性评价

评价等级	评价内容	自评	师评
优秀	学习态度积极,知识掌握牢固,技能运用自如,能独立解决复杂的问题,对数学应用有深刻的认识		
良好	学习态度认真,知识掌握较牢固,技能运用较熟练,能解决一般的问题,对数学应用有一定的认识		
中等	学习态度尚可,知识掌握一般,技能运用基本熟练,能解决简单的问题,对数学应用有基本的认识		
待提高	学习态度需改进,知识掌握不扎实,技能运用不熟练,解决问题的能力有待提高,对数学应用认识不足		

9. 总结与反思

本次活动有效地将 STEAM 教育理念融入初中"数与代数"课程,解决了九年级学生在数形结合方面认识不足以及代数符号语言与几何图形语言转换能力欠缺的问题。通过配方法的几何模型,学生得到了实质性的帮助。配方法自古至今的演变历程,体现了数学追求简洁的特点。若能运用数学的这个特点,实现数学的"再发现",学生将培养实事求是的科学态度,并逐渐培育理性精神。

案例3:二次函数的图象和性质

1.案例介绍

本案例选自人教版数学九年级上册(六三学制)第22章《二次函数》第1节"二次函数的图象和性质"(第1课时)。这是"数与代数"中的"函数"这一部分的内容。二次函数是初中数学函数知识体系的重要组成部分,是对一次函数的进一步拓展和深化。

在这个阶段,学生已经对函数的基本概念有一定的了解。二次函数具有独特的图象(抛物线)和丰富的性质,如开口方向、对称轴、顶点坐标等。这些特性在数学的理论框架中非常重要,并且在现实世界中也得到了广泛的应用,比如物理学中的抛物线运动路径、经济学中的成本与收益分析。

通过学习二次函数的图象和性质,学生能够更深入地理解函数的概念,提高用函数观点分析和解决问题的能力,为后续学习二次函数与一元二次方程的关系、二次函数的应用等内容奠定坚实的基础。

本案例设计了一次跨学科的STEAM教学活动。通过跨学科的教学活动,学生能够用数学的眼光观察并理解二次函数在艺术、机械工程、物理等不同领域的应用实例,如美术中的构图比例、体育中的抛物线运动、物理中的自由落体运动等,发现数学与现实生活的紧密联系。

2.课标要求

(1)掌握 $y = ax^2 (a \neq 0)$ 的图象特征,如开口方向、对称轴、顶点坐标等。

(2)理解 $y = ax^2 (a \neq 0)$ 的性质,如当 $a > 0$ 和 $a < 0$ 时,函数值随自变量变化的规律。

(3)能够运用 $y = ax^2 (a \neq 0)$ 的图象和性质解决简单的数学问题,如求函数的最值等。

3.学习目标

(1)知识目标:准确描述 $y = ax^2 (a \neq 0)$ 的图象特征。

(2)能力目标:根据 $y = ax^2$ 的性质,绘制函数图象,解决与函数最值、增减性等相关的问题,提高数学运算能力和逻辑思维能力。

(3)素养目标:培养学习函数的兴趣,增强运用函数解决实际问题的意识,提升数学抽象、直观想象等数学素养。

(4)STEAM 素养目标:借助实际问题情境构建二次函数模型,体会数学与其他学科以及生活的联系,提高跨学科思维和解决问题的综合能力。

4. 教学重点与难点

(1)教学重点: $y = ax^2 (a \neq 0)$ 的图象特征(如开口方向、对称轴、顶点坐标)和性质(如增减性、最值等)。

(2)教学难点:根据 $y = ax^2 (a \neq 0)$ 的性质准确地绘制函数图象,并理解函数的性质。二次函数 $y = ax^2 (a \neq 0)$ 中 a 的绝对值对函数图象开口大小的影响。

5. 跨学科知识点分布

本案例中的跨学科知识点分布,如表 2.13 所示。

表 2.13　本案例中的跨学科知识点

学科	知识点分布
数学	二次函数 $y = ax^2 (a \neq 0)$ 的表达式、图象与性质,函数图象的平移变换规律,利用二次函数解决最值问题
技术	利用数学绘图软件绘制二次函数的图象,分析图象的特征;运用计算机编程求解二次函数相关的数值问题,如根据给定条件求函数表达式中的参数
工程	在机械工程中,根据二次函数的性质设计抛物线形状的机械部件的运动轨迹;在建筑工程中,利用二次函数确定拱形结构的最优设计参数,达到力学和美学的平衡
艺术	在绘画中,运用二次函数的图象原理进行构图,如描绘抛物线形状的物体或场景;在舞台设计中,根据二次函数的原理设计灯光的照射角度和范围,营造不同的视觉效果
科学	在物理学中,抛体运动的轨迹符合二次函数的关系,利用二次函数的图象和性质分析物体的运动状态、速度、加速度等;在天文学中,天体的运动轨迹有时可以用二次函数来近似描述,从而研究天体的位置和运动规律

6. 条件准备

【所需物品】多媒体教学设备、实物教具、计算机及数学绘图软件等。

【知识准备】掌握一次函数的概念、表达式、图象和性质,对函数的基本概念有一定的理解,熟悉平面直角坐标系的基本操作,如坐标点的表示、两点间距离的计算等。

7. 教学过程

(1)创设情境,提出问题

【教师活动】播放一段关于炮弹发射的视频(视频中炮弹的飞行轨迹近似于抛物线)如图 2.9 所示。提问(能否用我们之前学过的函数来描述这种运动轨迹呢?),引导学生回顾一次函数,请学生思考还有没有其他的函数形式可以描述这种现象。

展示生活中的抛物线形状的物体图片,如喷泉的喷水轨迹(如图 2.10 所示)、桥梁的拱形构造(如图 2.11 所示)等,引出本节课的主题——二次函数的图象和性质。

图 2.9　炮弹飞行的轨迹

图 2.10　喷泉的轨迹

图 2.11　桥梁的拱形构造

【学生活动】思考教师提出的问题,发表自己的看法和见解。

【设计意图】通过实际生活中的视频和图片创设情境,激发学生学习数学的兴趣和求知欲,让学生认识到二次函数在生活中应用广泛,为新知识的学习奠定良好的基础。

(2)学习新知,探究二次函数 $y = ax^2(a \neq 0)$ 的图象特征

【教师活动】

①让学生在纸上列出二次函数 $y = x^2$ 的自变量 x 与函数值 y 的对应值。例如当 $x = -2, -1, 0, 1, 2$ 时,分别计算对应的 y 值。如表 2.14 所示。

表 2.14　x 与 y 的对应关系

x				
$y = x^2$				

②引导学生根据对应值,在直角坐标平面上标出点,接着用一条流畅的线把这些点连起来,画出二次函数 $y = x^2$ 的图形。如图 2.12 所示。

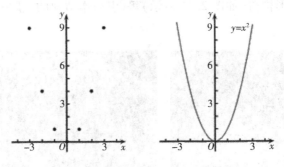

图 2.12　描点和画图

③利用多媒体教学设备同步展示该函数图象的绘制过程,并进行讲解,如强调图象是一条平滑的曲线,经过原点。

④提出问题:如何确定这条抛物线的对称轴和顶点坐标呢? 引导学生通过观察图象、计算等方法进行探索。

⑤总结并讲解二次函数 $y = ax^2(a \neq 0)$ 的对称轴为 y 轴(即 $x = 0$),顶点坐标为 $(0,0)$。

【学生活动】

①按照教师的要求计算函数值,填写对应值表,并在坐标系中描点、连线。

②积极思考教师提出的问题,通过小组讨论、尝试计算等探索对称轴和顶点坐标的方法。

③记录教师讲解的内容。

【设计意图】让学生通过计算、描点、连线等操作过程,直观地感受二次函数图象的形成过程,培养动手能力和探索精神;寻找对称轴和顶点坐标等,深入思考图象的特征,提高分析能力。

(3)学习新知,探究二次函数 $y = ax^2 (a \neq 0)$ 的性质

【教师活动】

①改变 a 的值,如分别令 $a = 2, a = \dfrac{1}{2}$,让学生重复上述绘制函数图象的过程,观察 a 值不同时函数图象的变化情况。如图 2.13 所示。

②引导学生对比 a 值不同的函数图象,总结二次函数 $y = ax^2 (a \neq 0)$ 的性质。如当 $a > 0$ 时,抛物线开口向上;当 $a < 0$ 时,抛物线开口向下;$|a|$ 越大,抛物线开口越小等。

③提出问题:如何根据函数的图象,分析函数的增减性和最值? 引导学生结合图象进行分析。

x	…	-4	-3	-2	-1	0	1	2	3	4	…
$y = \dfrac{1}{2}x^2$	…	8	4.5	2	0.5	0	0.5	2	4.5	8	…
x	…	-2	-1.5	-1	-0.5	0	0.5	1	1.5	2	…
$y = 2x^2$	…	8	4.5	2	0.5	0	0.5	2	4.5	8	…

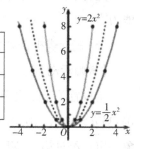

图 2.13　函数的图象

④总结二次函数 $y = ax^2 (a \neq 0)$ 的增减性(当 $a > 0$ 时,在对称轴左侧,y 随 x 增大而减小,在对称轴右侧,随 x 增大而增大;而当 $a < 0$ 时,情况则相反,即在对称轴左侧,y 随 x 增大而增大,在对称轴右侧,随 x 增大而 y 减小)和最值(当 $a > 0$ 时,函数达到最小值 0;当 $a < 0$ 时,函数达到最大值 0)。

【学生活动】

①按照教师的要求改变 a 的值,绘制不同函数的图象。

②小组讨论 a 值不同时函数图象的变化规律,总结二次函数的性质。

③结合图象分析函数的增减性和最值,并与教师总结的内容进行对比。

【设计意图】通过调整参数 a,引导学生深入研究二次函数的图象及其特性如何变化,锻炼学生的观察能力和概括能力。通过分析函数的增减趋势和极值,加深学生对函数性质的认识,提升学生运用这些性质解决实际问题的技能。

(4)拓展延伸,学科融合

【教师活动】介绍二次函数在其他学科中的应用,如物理学中抛体运动的轨迹方程(忽略空气的阻力时,垂直上抛物体的高度 h 与时间 t 的关系为 $h = v_0 t - \frac{1}{2}gt^2$,这是一个二次函数关系式)、天文学中某些天体运动轨迹的近似描述等。展示一些运用二次函数进行艺术创作的图片或视频,如利用二次函数的图象原理设计的现代建筑、绘画作品等。

【学生活动】了解二次函数在物理学和天文学中的应用,感受数学与其他学科的紧密联系。观看艺术创作相关的图片和视频,体会二次函数在艺术领域的独特魅力。

【设计意图】通过跨学科知识拓展,让学生了解二次函数不仅在数学学科中具有重要意义,在其他学科中也运用广泛,帮助学生拓宽视野,提升跨学科思维能力。

(5)概念辨析,解决问题

【教师活动】

①设置关于二次函数 $y = ax^2 (a \neq 0)$ 的概念辨析题,如判断下列说法是否正确:当 $a > 0$ 时,二次函数 $y = ax^2$ 在 R 上单调递增;二次函数 $y = ax^2 (a \neq 0)$ 的图象一定不经过第三、四象限等。

②设置与二次函数 $y = ax^2 (a \neq 0)$ 相关的实际问题,如某商品的成本为每件 20 元,售价为每件 x 元时,销售量 y 与售价 x 之间满足关系 $y = -10x + 500$。设利润为 W 元,求利润 W 与售价 x 之间的函数关系式,并求出当售价为多少元时,利润最大。

【学生活动】

①独立完成概念辨析题,小组成员交流答案并说明理由。

②以小组为单位解决实际问题,列出函数关系式,分析函数性质,求出最优解,并选派代表进行汇报。

【设计意图】通过辨析概念题,加深学生对二次函数概念及属性的认识,增强学生的逻辑推理能力。通过处理真实问题,训练学生应用二次函数知识解决实际问题的技巧,增强学生的数学应用意识。

(6)课堂总结,布置作业

【教师活动】

①回顾本节课所学的主要内容,如二次函数 $y = ax^2$ ($a \neq 0$) 的图象特征、性质、跨学科应用等。

②总结评价,指出存在的问题和不足之处。

③要求学生完成书面作业,包括课本上的相关练习题;拓展作业要求学生寻找一个生活中与二次函数有关的问题,并运用所学知识进行分析和解决,写一篇简短的数学小论文。

【学生活动】回顾本节课的知识点,加深记忆。听教师总结评价,反思自己的学习过程。记录作业内容,明确作业要求。

【设计意图】通过总结回顾,梳理本节课的知识体系,巩固所学知识。通过布置作业,帮助学生巩固和拓展所学知识,提高自主学习能力。

8. 教学效果评估表

(1)学习态度评价(表2.15)

表2.15 学习态度评价

评价内容		自评	互评
学习常规	积极思考,完成课堂实践活动		
	认真听老师讲课,积极回答问题		
	认真听同学发言,主动找出同学与自己的观点的异同之处,发表自己的观点		
合作交流	主动与同学交流,采纳他人好的建议,发表自己的观点		
总分			

(2)知识性评价(表2.16)

表 2.16　知识性评价

学习目标	新手	学徒	熟练	出色	完美	自评	师评
能够准确描述二次函数 $y = ax^2 (a \neq 0)$ 的图象特征,如开口方向、对称轴、顶点坐标,并理解其性质							
能够根据二次函数 $y = ax^2 (a \neq 0)$ 的性质,绘制函数的图象,解决函数的最值、增减性等相关问题,提高数学运算能力和逻辑思维能力							
经历探索二次函数 $y = ax^2 (a \neq 0)$ 图象和性质的过程,培养学生的观察能力、分析能力和数学思维能力							

(3)技能性评价(表 2.17)

表 2.17　技能性评价

评价内容	熟练掌握	基本掌握	初步掌握	未掌握	自评	师评
能够运用二次函数 $y = ax^2 (a \neq 0)$ 的图象和性质解决简单的数学问题,如求函数的最值						

(4)综合性评价(表 2.18)

表 2.18　综合性评价

评价等级	评价内容	自评	师评
优秀	能够准确描述二次函数 $y = ax^2 (a \neq 0)$ 的图象特征和性质,熟练掌握相关技能,并能灵活运用二次函数的图象特征和性质解决实际问题		

续表 2.18

评价等级	评价内容	自评	师评
良好	基本能够描述二次函数 $y=ax^2(a\neq0)$ 的图象特征和性质,掌握相关技能,并能在一定程度上运用二次函数的图象特征和性质解决实际问题		
中等	能够初步描述二次函数 $y=ax^2(a\neq0)$ 的图象特征和性质,掌握基本技能,但在解决实际问题时存在困难		
待提高	在描述二次函数 $y=ax^2(a\neq0)$ 的图象特征和性质时存在明显不足,技能掌握不够熟练,难以独立解决实际问题		

9.总结与反思

在本次基于 STEAM 教育理念的二次函数的图象和性质的教学中,创设情境环节有效地吸引了学生的注意力,激发了学生学习的兴趣。例如,通过生活中的炮弹发射轨迹、建筑的拱形构造等实例引入二次函数,使学生感受到数学与生活的紧密联系。在探究图象和性质的环节,教师让学生计算函数值、描点、连线来绘制图象,有助于加深学生对知识的理解。跨学科知识拓展部分拓宽了学生的视野,让学生认识到二次函数在其他学科也运用广泛,提升了学生的跨学科素养。在教学策略方面,教师采取团队合作与探索式学习的模式,增强了学生的协作意识和独立学习的技能。此外,教师的引导和学生的互动交流,营造了积极的教学氛围。

2.2　基于 STEAM 的初中数学"图形与几何"教学案例

初中数学"图形与几何"板块包括"图形的性质""图形的变化""图形与坐标"三个主题。学生将进一步学习点、线、面、角、三角形、多边形、圆等几何图形,从演绎证明、运动变化、量化分析三个方面研究这些图形的基本性质和相互关系。其中:"图形的性质"强调通过实验探究、直观发现、推理论证来研究图形,在用几何直观理解几何基本事实的基础上,从基本事实出发,推导图形的几何性质和定理,理解和掌握尺规作图的基本原理和方法;"图形的变化"强调从运动变化的视角来研究图形,理解图形在轴对称、旋转和平移时的变化规律和变化中的不变量;"图形与坐标"强调数形结合,用代数方法研究图形,在平面直角坐标系中用坐标表示图形上的点的位置,用坐标法分析和解决实际问题。[7]

在探索初中"图形与几何"教学时,教师需深度融入 STEAM 教育理念,准确把握每堂课的核心任务与目标,紧密结合教材内容及课程标准,设计出与学生认知相匹配的教学目标。在这个过程中,教师需充分准备并巧妙设计教学活动,确保每个环节都能激发学生的探索欲与实践能力;整合科学、技术、工程、艺术和数学等资源,使教学手段多样化,促进学生准确把握和深入理解抽象的几何概念。在教学过程中,教师应积极引导学生主动参与,通过动手操作、项目式学习等互动模式,让学生亲身体验图形与几何知识的构建与应用过程。例如,借助信息技术软件,学生们可以亲手绘制几何图形,深入探索其性质变化的奥秘;通过设计并亲手制作简单的几何模型,学生们能将抽象的理论知识转化为直观的实体构造,从而更加深刻地理解空间结构、比例关系以及几何证明的原理。本研究从"图形的性质""图形的变化""图形与坐标"中分别选取了"勾股定理""测量旗杆的高度""平面直角坐标系"三个典型课例,探索将 STEAM 教育理念融入初中数学"图形与几何"教学设计案例的方法,为今后的 STEAM 教学提供参考。

案例 1:勾股定理

1.案例介绍

"勾股定理"是人教版数学八年级下册(六三学制)第 17 章《勾股定理》第 1 节第 1 课时的内容,是图形与几何中的"图形的性质"这一部分的内容。勾股定理被称作几何学的基石,自古至今,被众多国内外数学家研究和证明过。它描述了直角三角形边长之间的关系,从"形"导出"数",体现了"数"与"形"的和谐统一。

勾股定理蕴含着丰富的历史文化意义,促进了数学的进步,在数学领域占据着举足轻重的地位,其应用范围更是跨越多个学科领域,展现出极强的实用性。"勾股定理"涵盖勾股定理及其逆定理等核心内容,学生在掌握三角形、二次根式等基础知识后须深入学习这部分内容。探索、发现和证明勾股定理的过程不仅加深了学生对三角形性质的理解,而且展现了从特殊到一般的数学思考方法。逆定理的证明则彰显了数学思维的缜密性。勾股定理及其逆定理的学习加深了学生对直角三角形的认识,为矩形、二次函数综合运用等内容的学习奠定了基础。

勾股定理是初中阶段的重点内容,也是难点内容。学生在学习勾股定理之前学习了三角形、二次根式的相关知识,从几何角度学习了三角形的相关知识,从代数角度了解了二次根式的相关内容,为学习勾股定理奠定了良好的基础。[8]八年级的学生拥有旺盛的好奇心和强烈的求知欲,思维敏捷,这些特质为他们学习勾股定理打下了坚实的心理基础。因此,在教授勾股定理时,教师应充分重视学生的主体地位,创建多样化的数学学习和活动平台,以适应学生的学习需求。通过整个单元的学习,学生将深入掌握勾股定理的相关知识。

本案例融合了科学、技术、工程、艺术和数学等多个学科的资源,旨在全面提升学生的综合应用能力,并激发学生的创新思维。在课前,学生被引导制作具有相同厚度和正方形底面的盒子。课堂上,教师设计了一个门板是否能通过的问题,运用分层提问的策略,逐步引导学生进行直观分析,并自主构建数学模型,从而引出本节课的核心研究对象——直角三角形。在实验和合作探究环节,学生们巧妙地运用物理知识,探索并提出了面积法与勾股定理的猜想。这一过程不仅展示了数学与科学的紧密结合,而且锻炼了学生用数学视角观察和解决问题的能力。在实验中,教师引导学生思考钝角三角形和锐角三角形是否也存在类似的结论。在数学与技术紧密结合的框架下,教师利用几何画板精心制作了验证勾股定理猜想的动画,这一创新手段使学生得以直观、生动地感知猜想的正确性。在数学与人文艺术素养的结合上,学生通过小组合作探究得到证明勾股定理的拼图法,教师指出其中一种拼图是赵爽弦图,并介绍相应的数学史,增强学生的民族自豪感和文化自信心,同时培养学生学习数学的浓厚兴趣。[9]

2. 课标要求

(1)掌握并运用勾股定理及其逆定理来解决日常生活中遇到的实际问题,学会利用数学模型处理实际问题。

(2)经历数学知识的抽象过程,培养数学建模意识;通过亲身实践、自发研究和团队协作交流等方法,体验数学知识的形成、发展和抽象过程,理解"曲化直"的转化理念,形成空间观念。

（3）感受数学探索的愉悦感，培养勤于思考、乐于探索的特质，理解数学知识在解决现实问题中的重要性，领略数学文化的非凡魅力。

3. 学习目标

（1）学习目标：理解并熟练应用勾股定理，以解决现实中的各种问题。

（2）技能目标：培养从具体案例中归纳普遍规律的能力，运用数形结合、转化以及"出入相补"等策略分析问题。

（3）素质目标：参与勾股定理的探索、假设、证实、实践和应用的全过程，领悟到知识学习和理解比单纯的技能训练更重要，对文化价值的欣赏和表达比批评和说教更有意义，实现教育的全面发展。

（4）STEAM 素养目标：通过方案的设计、工具的选择、工程的开展，感受到跨学科融合教学带来的新体验，提升 STEAM 素养。[10]

4. 教学重点与难点

（1）教学重点：勾股定理的证明及应用。

（2）教学难点：勾股定理的证明。

5. 跨学科知识点分布

本案例中的跨学科知识点分布，如表 2.19 所示。

表 2.19　本案例中的跨学科知识点

学科	知识点分布
数学	勾股定理及其实际应用
技术	用几何画板制作验证勾股定理猜想的动画
工程	制作底面为正方形且厚度一致的盒子
艺术	赵爽弦图
科学	能运用物理知识发现面积法和勾股定理猜想

6. 条件准备

【所需物品】盒子、尺子、沙子等测量工具。

【知识准备】掌握三角形、二次根式的相关知识，尤其是直角三角形的相关知识。

7. 教学过程

（1）创设情境，提出问题

【教师活动】借助多媒体手段,生动展现古代建筑中的直角三角形构造(如图2.14所示),巧妙引导学生思索直角三角形在现实生活中的广泛应用。然后提出问题:小明家的门框尺寸如图2.15,长1 m,高2 m。一块长3 m、宽2.2 m的木板是否可以从门框中通过?请说明理由。

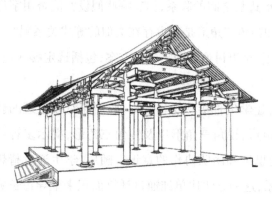

图2.14　房屋　　　　　　　　　图2.15　门框

探究问题1:木板是否能够横向通行? 原因是什么?

探究问题2:木板竖着能不能通过呢?

探究问题3:有没有其他的可能性? 是否能让木板通过?

【学生活动】小组讨论,提出可能的解决方案。

【设计意图】结合数学与工程学知识,本课程设计了真实情境下的问题,并通过逐步深入的提问方式,引导学生将日常问题转化为直角三角形边长关系的数学问题,从而确定本节课的研究主题,旨在提升学生对几何直观的理解能力和应用能力。

(2)实验探究,提出猜想

【教师活动】引导学生探讨制定测量方案,判断不同的边能否组成三角形。

探究问题1:请各个学习小组展示准备好的等厚纸盒。假设底面为正方形,边长分别设定为6 cm,7 cm,8 cm,10 cm和12 cm。尝试使用这些边长来组合成直角三角形、锐角三角形以及钝角三角形。

探究问题2:假设有三个纸盒,其中两个较小的装满了沙子。将这两个装满沙子的盒子倒入第三个较大的盒子时,会发生什么呢?

探究问题3:这种现象与直角三角形的边长之间存在怎样的联系?

探究问题 4:刚刚利用面积法揭示了某个结论,锐角三角形和钝角三角形是否也存在类似的结论呢?观察到一些学生仍旧使用装沙子实验来探索,教师便提出了另一个问题:有没有更简单的判断方法呢?学生们通过比较两个较短边的平方和与最长边的平方,验证了之前的假设。

探究问题 5:关于直角三角形边长之间的联系,你有哪些假设?能否用字母来表达这种联系?锐角三角形和钝角三角形是否也存在类似的等式关系呢?

【学生活动】拿出盒子和沙子,小组讨论并制定计算方案,包括选定哪些边、如何计算等,得出结论。

【设计意图】通过动手实践,让学生直接感受勾股定理,加深对该定理的认识。通过拼接纸盒形成直角三角形、锐角三角形以及钝角三角形,揭示多种可能性,旨在培养学生分类讨论的思维和团队协作的意识。随后,学生通过猜想来探究直角三角形三条边的关系,这种方法比单纯通过计算面积来推导边长关系更为直观。

(3)展示动画,直观验证

【教师活动】教师利用几何画板生动地演示直角边长度变化的动画效果,让学生直观地观察两条直角边的平方和与斜边平方的关系,从而快速验证他们的猜想。如图 2.16 所示。

运动 点A

$BA = 1.99$ 厘米　　　　$BC = 3.55$ 厘米　　　　$AC = 4.07$ 厘米

$BA×BA+BC×BC = 16.53$ 厘米^2　　　　$AC×AC = 16.53$ 厘米^2

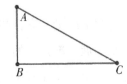

图 2.16　几何画板展示

【学生活动】拖动直角三角形的点,验证勾股定理的不变性。

【设计意图】利用几何画板技术制作一个动画,展示直角边长度的动态变化,验证所有直角三角形是否符合猜想。与仅用几个直角三角形进行验证相比,这种方法更符合从特殊到一般的逻辑推理过程,能够更有效地激发学生进行实验探究的热情和自信心。

(4)深入实验,证明猜想

【教师活动】通过多媒体展示网络纸,如图 2.17 所示。

探究问题 1:如何计算正方形的面积?

探究问题 2:采用面积法之后,产生了哪些新的图形? 这些图形具备哪些特性?

探究问题 3:初一,我们学习了平方差与完全平方公式的几何含义。那么,对于猜想中提到的边长的平方,我们又能想到哪些几何意义呢?

探究问题 4:如何分析猜想得到的等式 $a^2 + b^2 = c^2$ 呢? 请同学们拿出准备好的直角三角形纸片,动手拼一拼,看看需要多少张纸片才能拼出图 2.21(c)的图形?

做 8 个全等的直角三角形,设它们的直角边长分别为 a,b,斜边长为 c,再做 3 个边长分别为 a,b,c 的正方形,像图 2.21(a)(b)那样把它们拼成 2 个正方形。从图上可以看到,这 2 个正方形的边长都是 $a+b$,所以面积相等。[11]即 $a^2 + b^2 + 4 \times \frac{1}{2}ab = c^2 + 4 \times \frac{1}{2}ab$ 整理得 $a^2 + b^2 = c^2$,也即勾股定理,如图 2.18 所示。

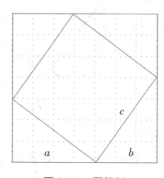

图 2.17　网络纸

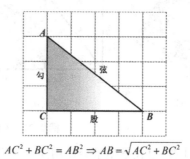

$$AC^2 + BC^2 = AB^2 \Rightarrow AB = \sqrt{AC^2 + BC^2}$$

图 2.18　勾股定理

在学生尝试证明之后,指出拼图 2.21(a)即为我国古代的赵爽弦图,并向学生介绍相关的数学历史。随后,指导学生将拼图 2.21(c)放入正方形框架中,并提出问题:如何在框架内移动三角形,以形成左式中 a 和 b 所代表的图形? 学生们通过小组合作进行探索,最终发现了新的拼接方法,如图 2.21(b)所示。通过与初始拼图的对比,学生们理解了新拼图中 2 个空白区域的面积总和与原拼图中空白区域的面积相等,从而证实了他们的新发现。

【学生活动】动手操作,完成探究活动。

探究问题 1 的结果展示如图 2.19、2.20 所示。

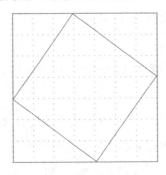 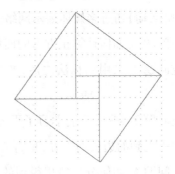

图 2.19　求面积方法 1　　　　图 2.20　求面积方法 2

探究问题 2 的结果:有 4 个全等的直角三角形和 1 个新的正方形。

探究问题 3 的结果:正方形面积。

探究问题 4 的结果展示如图 2.21 所示。

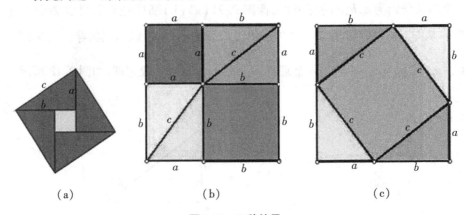

（a）　　　　　　　　（b）　　　　　　　　（c）

图 2.21　3 种结果

【设计意图】在学生学会使用面积法之后,教师设计了一个计算斜置正方形面积的环节。在教师的引导下,学生们独立探索并发现证明过程同样依赖面积法,并产生了用纸片拼图来验证的想法。教师向学生展示拼图成果之一——赵爽弦图,并讲述了其历史背景。这种数学与人文艺术的结合,不仅使教学内容更加丰富,而且显著增强了学生的民族自豪感和学习热情。最终,教师利用方框纸板,指出直角三角形可以在方框内外移动;学生们通过实际操作探索拼图的变化,培养了几何直观、推理能力等核心素养。

（5）拓展延伸，学科融合

【教师活动】

①引入勾股定理在建筑学中的应用实例，如古埃及金字塔的建造、希腊神庙的对称设计等，展示勾股定理在实际建筑中的重要性。

②介绍勾股定理在地理学中的应用，例如用于测量地球表面两点之间的距离，以及在航海和航空导航中的定位技术。

③展示勾股定理在计算机图形学中的应用。在 3D 建模和渲染技术领域，勾股定理被用来计算距离和角度，确保图形的准确性和真实感。

【学生活动】参与讨论，分享自己对勾股定理在不同学科中的应用的看法。观看相关视频和图片，加深对勾股定理应用的认识，激发对跨学科学习的兴趣。

【设计意图】通过跨学科知识拓展，学生会发现勾股定理不仅仅是一个数学概念，它在建筑、地理、计算机科学等多个领域都运用广泛。这种跨学科的联系有助于学生理解数学的实际价值，促进学生在不同学科之间的知识迁移，提高综合运用能力。此外，通过探索勾股定理在不同领域的应用，学生能够更好地体会到数学作为一种通用语言的重要性，增强学习的动力和兴趣。

（6）课堂小结，提升素养

回顾本节课的学习过程，学生相互交流这节课带来了哪些感想和收获，教师对本节课学习的勾股定理的结论及探究方法进行总结和归纳。

（7）布置作业，巩固所学

完成课后练习题。

8. 教学效果评估表

（1）学习态度评价（表 2.20）

表 2.20　学习态度评价

	评价内容	自评	互评
学习常规	积极思考，完成课堂实践活动		
	认真听老师讲课，积极回答问题		
	认真听同学发言，主动找出同学与自己的观点的异同之处，发表自己的观点		

续表2.20

	评价内容	自评	互评
合作交流	主动与同学交流,采纳他人好的建议,发表自己的观点		
	总分		

(2)知识性评价(表2.21)

表2.21 知识性评价

学习目标	新手	学徒	熟练	出色	完美	自评	师评
精通勾股定理的原理,并能灵活地应用它来解决现实问题							
探究事物规律,从特殊性到普遍性,运用数形结合、转换以及"出入相补"的策略来分析问题							

(3)技能性评价(表2.22)

表2.22 技能性评价

评价内容	熟练掌握	基本掌握	初步掌握	未掌握	自评	师评
软件的使用						

(4)综合性评价(表2.23)

表2.23 综合性评价

评价等级	评价内容	自评	师评
优秀	在学习过程中表现出极高的积极性、突出的合作精神和创新思维,知识掌握扎实,技能运用熟练,能够灵活运用所学知识解决实际问题,对数学应用有深刻的认识和积极的态度		
良好	在学习过程中表现出较高的积极性、较明显的合作精神和创新思维,知识掌握较扎实,技能运用较为熟练,能够运用所学知识解决实际问题,对数学应用有一定的认识和积极的态度		
中等	在学习过程中表现出一般的积极性、一定的合作精神和创新思维,知识掌握一般,技能运用一般,基本能够运用所学知识解决实际问题,对数学应用有一定的认识但态度不够积极		

续表 2.23

评价等级	评价内容	自评	师评
待提高	在学习过程中表现出较低的积极性,合作精神和创新思维不明显,知识掌握不扎实,技能运用不熟练,难以运用所学知识解决实际问题,对数学应用的认识有待提高,态度有待改善		

9. 总结与反思

本次活动成功将 STEAM 教育理念融入初中图形与几何教学,加深了学生对勾股定理的理解,提升了学生的实践能力和团队协作能力,激发了学生的创新思维和科学探究精神。展望未来,我们将继续优化测量工具,融入更多科学探究和艺术创作的元素,力求使活动更加多元、富有创意。

案例 2:测量旗杆的高度

1. 案例介绍

"测量旗杆的高度"是人教版数学九年级下册(六三学制)第 27 章《相似》第 3 节教学活动的主题,如图 2.22 所示,是图形与几何中的"图形的变化"这一部分的内容。本案例旨在通过教学活动 1(如图所示),实现对相似三角形知识的综合运用。

利用相似三角形可以计算某些不能直接测量的物体的高度. 图1 显示了测量旗杆高度的几种方法,你能说出各种方法的道理吗?

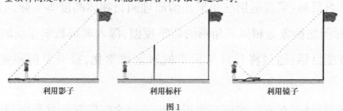

利用影子　　　　利用标杆　　　　利用镜子

图1

用类似的方法,与同学合作,测量校园中一些物体(如旗杆、树木等)的高度.

图 2.22　测量旗杆的高度

此活动不仅彰显了数学知识与现实生活的紧密联系,还进一步加深了学生对相似三角形性质及其证明方法的认识,同时锻炼了他们的动手能力和问题解决技巧。通过活动,学生得以体验数学在解决实际问题中的应用价值。

在本活动开始之前,学生已经完成了相似三角形的系统学习,掌握了相似三角形的定义、判定定理(例如 AA 相似判定、SAS 相似判定、SSS 相似判定等)以及基本性质(例如对应角相等、对应边成比例等)。这些知识储备为本次活动的顺利开展奠定了坚实的理论基础,使学生能够灵活运用所学知识,有效解决实际问题。

本案例巧妙融合了科学探索精神、技术应用实践、工程设计理念、艺术创作灵感与数学思维。通过亲身参与测量旗杆高度的过程,学生不仅深化了对相似三角形原理的理解,还显著提升了解决实际问题的能力。此活动不仅要求学生具有数学运算能力,还要求他们运用科学方法进行探究,利用技术工具辅助测量,通过团队合作完成测量任务,最终将测量结果以艺术化的形式呈现,如制作测量报告或展示板。

2. 课标要求

(1)熟练掌握相似三角形的判定定理和性质,会利用图形的相似原理解决一些简单的实际问题。

(2)在实践活动中,培养观察、实验、推理、归纳和表达的能力。

(3)加强数学与现实生活、科学技术的联系,提升综合运用知识解决问题的能力。

3. 学习目标

(1)学习目标:掌握运用三角形相似原理测量物体高度等实际问题的技巧。通过将实际问题抽象为相似三角形的数学模型,深入理解数学建模的概念。

(2)技能目标:通过将日常生活中的问题数学化,提升分析和解决问题的技能。

(3)素养目标:在利用相似三角形知识解决实际问题的过程中,积累数学基本活动经验,激发学习数学的热情。

(4)STEAM 素养目标:通过方案规划、工具挑选以及工程实施,体验跨学科整合教学的全新感受,从而提升 STEAM 素养。

4. 教学重点与难点

（1）教学重点：运用相似三角形的性质测量旗杆高度。

（2）教学难点：正确理解测量方法背后所蕴含的数学原理，实际测量时应用正确的测量技巧和方法。

5. 跨学科知识点分布

本案例中的跨学科知识点分布，如表 2.24 所示。

表 2.24　本案例中的跨学科知识点

学科	知识点分布
数学	相似三角形的相似之处、测量、计算、比例
技术	反射镜面的原理
工程	测量旗杆高度的操作步骤以及模具应用
艺术	绘制实践结果的图表
科学	在方案设计阶段，必须采用客观和科学的思维与理念

6. 条件准备

【所需物品】旗杆模具、标杆模具、便携式卷尺、计算器、手电筒、稳固的支架以及白板纸等工具。

【知识准备】复习相似性、测量技术以及反射原理等相关的基础知识。

7. 教学过程

（1）创设情境，提出问题

【教师活动】讲述故事，提出问题。

金字塔是古埃及人的伟大创造。金字塔究竟有多高呢？古希腊数学家泰勒斯（Thales）是第一个测量出金字塔高度的人。其实，泰勒斯的测量方法利用了身高和影子的关系，以及相似三角形的知识。如图 2.23 所示。

探究问题 1：在现代，大家可借助互联网技术迅速获取金字塔的高度信息。那大家能否运用所掌握的数学知识，阐释泰勒斯测量金字塔高度所依据的数学原理？

图 2.23　金字塔的高度

探究问题 2：大家是否能够借鉴泰勒斯在测量金字塔时所应用的数学知识与方法，测量本校旗杆的高度？

【学生活动】班级小组活动中，学生们参与讨论，各自分享自己的观点和想法，通过交流和沟通，共同制定一套详细的测量方案。

【设计意图】讲述引人入胜的故事，吸引学生的注意力，帮助学生更好地融入学习情境，提高学生的专注力，从而更有效地激发学生学习的兴趣。

【思政教育】泰勒斯的故事不仅仅是一个关于数学测量的案例，更是一种科学精神的体现，能够教导学生在面对未知和挑战时，勇于探索，善于运用自己所学的知识去解决问题，培养积极向上、不断求知的科学态度。

(2) 整理意见，收集方案

【教师活动】扮演引导者的角色，指导学生在小组内做好建议和方案的收集与整理工作。

【学生活动】小组成员共同商议，共同整理测量步骤，为实践活动奠定基础。如图 2.24 所示。

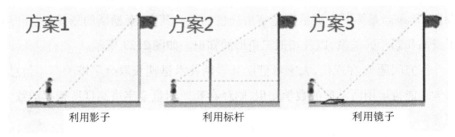

图 2.24　解决方案

【设计意图】希望学生通过小组合作的方式主动选择合适的方案，并在实际问题的解决过程中进行思考。

（3）明确分工，参与实践

【教师活动】解答学生实践中遇到的问题，并记录各组在方案整理、实施及创新方面的表现，以便活动后精确地评价。

【学生活动】在熟练掌握测量工具后，学生依据小组分工，有条不紊地实施实践方案。在实践过程中，学生们准确地计算测量结果，确保小组成员之间的合作协调一致，如表2.25所示。

表2.25　表格数据

被测量者的身高	被测量者影子的长度	旗杆影子的长度

【设计意图】通过方案实施过程，学生们能够亲身探索相似三角形的构造方法，并且复习和应用相似三角形的判定方法。

【思政融入】在小组合作的过程中，学生们通过反复推敲和讨论方案，不仅能够培养科学思维能力，还能够养成实事求是、严谨认真的科学态度。

（4）汇报方案，总结项目

【教师活动】组织学生做好方案的总结工作，确保学生能够将测量结果准确无误地填写在相应的表格中，并且进行汇报。

探究问题1：各小组的被测量者的身高与影子长度有什么关系？

探究问题2：你们知道泰勒斯是如何测出金字塔的高度吗？

【学生活动】每个小组选出一名代表汇报方案，指出各方案的短板，并分享值得学习的优点。针对测量结果中出现的误差，提出相应的改进策略。

【设计意图】基于STEAM理念，融合数学与物理光学知识，通过实测身高与影子长度的关系，揭示物体的高度与影子成正比，引导学生构建相似三角形模型，测量未知高度，将高度测量问题转化为距离测量问题，体现划归思想，体验学科融合。测量影子长度时，要求多次测量取均值以减少误差，培养学生的科学意识和数据分析能力。学生亲身体验并且通过实验操作得到的结论，往往更加清晰和易于理解。[12]

(5)总结评价,优化方案

【教师活动】收集并整理小组及成员自评、他评和教师评价结果,归纳分析数据,全面了解学生及小组的表现。方案 1 与方案 2 运用了物理学原理,即太阳光线为平行光线。而方案 3 则应用了平面镜的反射原理。

【学生活动】结合同伴的评价和自己的反思,对方案进行针对性的优化和改进。每个学生填写一份自评表,以评价自己在课堂上的表现和学习成果。小组代表负责评价组内成员,其他成员则自由填写对代表的他评表,确保评价多样且全面。

【设计意图】项目自评表真实地展现了学生对融入 STEAM 教育理念的课程内容的接受情况和理解深度,为教师提供了宝贵的反馈信息,能够帮助他们综合评价本节课的教学效果,调整教学策略和方法。

(6)拓展延伸,学科融合

【教师活动】介绍相似三角形在其他学科中的应用实例,如在地理学中用于测量山峰的高度,在建筑学中用于设计比例协调的建筑结构。展示一些运用相似三角形原理进行技术创新的案例,如利用相似三角形设计的伸缩梯子、太阳能热水器的集热板。

【学生活动】了解相似三角形在不同学科中的实际应用,深刻体会数学知识的应用价值。观看技术创新相关的案例,感受相似三角形原理在科技发展中的重要作用。

【设计意图】通过跨学科知识拓展,使学生认识到相似三角形不仅在几何学习中有重要地位,在其他学科和技术领域也有着不可替代的作用,从而提升综合素养和创新能力。

(7)课堂小结,提升素养

回顾本节课的学习过程,学生相互交流这节课有哪些感想和收获,从知识与能力、过程与方法、情感态度与价值观三个方面进行总结和归纳。

(8)布置作业,课后拓展

用类似的方法,与同学合作测量校园中的一些物体(如旗杆、树木等)的高度。

8. 教学效果评估表

（1）学习态度评价（表2.26）

表2.26　学习态度评价

评价内容		自评	互评
学习常规	积极思考,完成课堂实践活动		
	认真听老师讲课,积极回答问题		
	认真听同学发言,主动找出同学与自己的观点的异同之处,发表自己的观点		
合作交流	主动与同学交流,采纳他人好的建议,发表自己的观点		
总分			

（2）知识性评价（表2.27）

表2.27　知识性评价

学习目标	新手	学徒	熟练	出色	完美	自评	师评
能够灵活运用相似三角形的判定定理和性质解决实际问题							
能够通过实践活动培养观察、实验、推理、归纳和表达的能力							

（3）技能性评价（表2.28）

表2.28　技能性评价

评价内容	熟练掌握	基本掌握	初步掌握	未掌握	自评	师评
能够正确理解测量方法背后所蕴含的数学原理						
能够掌握正确的测量技巧和方法,知道如何构造相似三角形,如何测量必要的数据						

（4）综合性评价（表2.29）

表 2.29　综合性评价

评价等级	评价内容	自评	师评
优秀	熟练掌握相似三角形的判定定理和性质,能够灵活运用相似三角形的判定定理和性质解决实际问题,具备良好的观察能力、实验能力、推理能力、归纳能力和表达能力,积极参加课堂实践活动,展现出强烈的学习兴趣和探究精神		
良好	较好地掌握相似三角形的判定定理和性质,能够运用相似三角形的判定定理和性质解决实际问题,具备一定的观察能力、实验能力、推理能力、归纳能力和表达能力,愿意参加课堂实践活动,展现出较强烈的学习兴趣和探究精神		
中等	基本掌握相似三角形的判定定理和性质,能够在一定程度上运用相似三角形的判定定理和性质解决实际问题,具备基本的观察能力、实验能力、推理能力、归纳能力和表达能力,愿意参加课堂实践活动,展现出一定的学习兴趣和探究精神		
待提高	对相似三角形的判定定理和性质掌握不牢固,运用相似三角形的判定定理和性质解决实际问题的能力有待提高,观察能力、实验能力、推理能力、归纳能力和表达能力较差,参加课堂实践活动的积极性不高,学习兴趣有待激发,探究精神有待培养		

9.总结与反思

本次活动成功将 STEAM 教育理念融入初中几何教学,深化了学生对相似三角形性质的理解,并显著提高了学生的实践操作能力和团队协作能力。此外,本次活动还激发了学生的创新思维,培养了学生的科学探究精神,进一步增强了学生的数学应用意识。未来,我们需要优化测量工具,融入更多科学探究与艺术的元素,丰富活动,促进学生全面发展。通过合作与交流来寻找解决问题的途径,可有效地提升学生的协作与沟通技能。开放式的题目设计,因为缺乏标准答案,能够促进学生创新思维的发展。

案例 3:平面直角坐标系

1.案例介绍

"平面直角坐标系"是人教版数学七年级下册(六三学制)第 7 章《平面直

角坐标系》第 1 节的内容,是图形与几何中的"图形与坐标"这一部分的内容。平面直角坐标系是数轴的发展。它使代数的数对与几何的点之间一一对应,数发展成式、方程或函数,点动成线或几何图形等,实现了从一维空间到二维空间的发展,是非常重要的数学工具。[13]

在数学七年级下册的课程中,平面直角坐标系的知识点被引入。七年级学生已经具备了必要的知识背景。在小学阶段,学生们已经能够使用方位词如东南、西北、东北、西南来描述物体的位置,初步理解轴对称和中心对称的知识。七年级上学期,学生们已经学了数轴,掌握了数轴的三个要素,学会了数轴的绘制方法,已了解数轴上的点与实数的一一对应关系,以及数轴上点的移动规律。基于数轴知识,结合数轴与坐标系的联系,学生们在学习平面直角坐标系时会更容易。学生们已经初步具备了数形结合思维,能够利用数轴,通过计算辅助图形来解决一些基础的数学问题。这些都为他们学习平面直角坐标系奠定了良好的基础。然而,从数轴到平面直角坐标系的转变,需要学生们做好从一维到二维的过渡。

结合日常生活中的实例,案例中引入了有序数对的概念,数对能精确地描绘一个具体的位置。例如,经度和纬度就是有序数对在生活中的应用。接着,从熟悉的数轴概念出发,定义点在数轴上的坐标。为了确定平面上的点的位置,建立直角坐标系,并解释其定义和绘制方法。在平面直角坐标系中,每个点都可以用一个有序数对来表示,包括 x 轴(水平轴)、y 轴(垂直轴)以及坐标系的原点。一个点的坐标由横坐标和纵坐标组成。此外,该案例还探讨了坐标方法的初步应用,并将其与平移知识相结合,分析图形在平面上平移时各点的变化。平面直角坐标系是数学中的一个重要工具,建立了平面上的点与有序实数对的一一对应关系,为深入研究函数的性质、函数与方程以及不等式之间的联系提供了坚实的基础。这种对应关系使用代数手段来探讨几何问题成为可能。利用几何方法来理解代数问题,实现了两者之间的巧妙转换。该案例融合了科学探索、技术应用、工程设计、艺术创作与数字思维。

2. 课标要求

(1)掌握有序数对的含义,了解平面直角坐标系的定义,明确平面内的有序数对与点的一一对应关系,能在指定的直角坐标系内依据坐标确定点的具体位置,能根据点的位置确定其坐标,理解并描述坐标变换时的平移过程。

(2)通过实际绘制坐标系的活动,提升独立思考和自主绘图的实践技能,掌握制定绘图策略和整理操作步骤的基本方法。在分析数学问题和解决现实问题的过程中,融入数形结合、类比转化的思维,培养动手实践和批判性思考的学习态度。

(3)采用多样化的教学方法,展示丰富多彩的数学文化以及正确的数学观念,培养数学核心素养,形成良好的品德和行为习惯。通过富有乐趣的实际问题,深入理解平面直角坐标系的深层含义,了解国家、经济、科技创新等社会议题,增强文化自信。

3.学习目标

(1)知识目标:正确画出平面直角坐标系,并在给定的直角坐标系中,根据点的位置写出点的坐标,根据点的坐标确定点的位置。

(2)能力目标:在画坐标系、描点、看图等过程中体会数形结合这一数学思想,认识到数学源于生活,初步体验将实际问题数学化的过程和方法,培养把现实问题抽象成数学模型的能力。

(3)素养目标:通过学习过程中的感受和体会,进一步提高分析问题、解决问题的能力,培养数学应用意识。

4.教学重点与难点

(1)教学重点:在平面直角坐标系中,通过坐标确定点的位置,或通过点的位置来确定其坐标。

(2)教学难点:在平面直角坐标系中,点和有序数对存在一一对应的关系。

5.跨学科知识点分布

本案例中的跨学科知识点分布,如表 2.30 所示。

表 2.30　本案例中的跨学科知识点

学科	知识点分布
数学	平面直角坐标系的概念,坐标的确定
技术	在简单的图形绘制软件或编程环境(如 Scratch 图形编程、Python 的 turtle 绘图库)中,屏幕其实就是一个平面直角坐标系。操控一些简易机器人,如操控教育机器人在平面场地内移动

续表2.30

学科	知识点分布
工程	工程师在绘制建筑平面图时,使用平面直角坐标系来确定房间、门窗、梁柱等各个部件的位置。在研究桥梁受力模型时,工程师把桥梁的关键节点置于平面直角坐标系中
艺术	在绘画领域,画家常常运用黄金分割比例来安排画面元素,黄金分割点在平面直角坐标系中可以通过特定坐标关系来定位。在布置舞台时,设计师利用平面直角坐标系来规划演员、道具、背景等的站位与移动路线。通过坐标确定表演区的重点区域、过渡区域,让演员的走位在数学框架下显得有序且富有节奏感。艺术创意与数学的结合,使学生认识到跨学科在艺术呈现中的魅力
科学	将平面直角坐标系类比为地球表面的经纬度系统,经纬度实际上就是一种特殊的坐标表示形式。在研究物体的直线运动时,把物体运动的路径放在平面直角坐标系中

6.条件准备

【所需物品】学生准备坐标纸、练习本、直尺、三角板,教师准备多媒体课件等。

【知识准备】掌握有序数对的定义,感受有序数对的重要性,能够利用有序数对描述物体的位置。

7.教学过程

(1)复习旧知,夯实基础

【教师活动】通过多媒体课件展示有序数对的内容,引导学生得出数轴上的点的坐标的定义,数轴上的点与坐标是一一对应的关系。

探究问题1:如何判定直线上的点的位置? 在数轴上,点的位置可以通过一个数值来表达,这个数值被称为该点的坐标。例如,点 A 在数轴上的坐标是 -7,而点 B 的坐标则是8。

探究问题2:如何根据数轴上的点的坐标确定这个点的位置? 实数与数轴上的点有什么关系?

【学生活动】观察多媒体课件,思考并回答问题。

【设计意图】以学生所熟知的数轴为基础,确立数轴上的点与坐标之间的对应关系。

(2)创设情境,导入新知

探究活动1:建立平面直角坐标系。

【教师活动】展示平面直角坐标系的应用场景,如图 2.25,引导学生利用所学的数轴知识在本子上画出直角坐标系。鼓励学生上台展示自己的想法,并适时指导及鼓励。

总结:在平面内画两条互相垂直、原点重合的数轴,组成平面直角坐标系。利用平面直角坐标系里的有序实数对表示平面内的点。水平数轴称为 x 轴或横轴,习惯取右侧为正方向。竖直的数轴称为 y 轴或纵轴,取向上方向为正方向。两条坐标轴的交点为平面直角坐标系的原点。

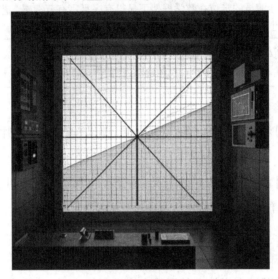

图 2.25　应用场景

探究问题 1:李华的家、学校和书店位于一条南北方向的街道上。李华的家位于学校南边 500 米处,而书店则位于学校北边 200 米处。请绘制一张图来展示这一布局。

探究问题 2:运用所掌握的知识,描绘出李华的家、学校和书店的相对位置。假设超市、学校、游乐园和小明的家位于一条东西向的街道上。小明的家位于学校西侧 400 米处,超市位于学校东侧 300 米处。如果从学校出发向南行进 200 米,再向西走 300 米,就能到达游乐园。那么,我们是否可以用数轴来展示这一布局呢?

【学生活动】在纸上画出几个点的位置,并演示说明平面直角坐标系如何表示点,说出建立平面直角坐标系的注意事项。

【设计意图】帮助学生应用已经掌握的有序数对和数轴知识,确定平面上的点的位置,让学生在处理具体问题时,能够自然而然地建立平面直角坐标系,并掌握相关概念。

(3)实践操作,理解新知

探究活动2:确定平面直角坐标系内的点的坐标。

【教师活动】通过问题引导,建立平面直角坐标系,确定点的坐标。

探究问题1:借助平面直角坐标系,我们能够用一对有序数字来表示平面上的任意一点,你能将 A、B、C、D 4 个点表示出来吗? 如图 2.26 所示。

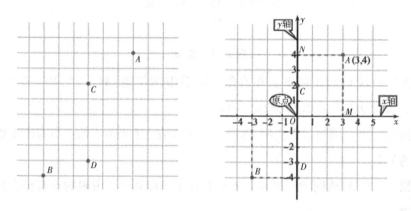

图2.26　在平面直角坐标系中表示4个点

探究问题2:原点 O 的坐标是多少呢? x 轴和 y 轴上的点的坐标有什么特点呢?

【学生活动】思考并动手操作,展示作品。

【设计意图】在建立了平面直角坐标系后,让学生练习用坐标表示点。首先练习表示普通点的坐标,随后练习表示特殊点的坐标。这种顺序安排顺应了学生的认知过程,有助于学生轻松理解并掌握新知识。

(4)应用新知,拓展新知

探究活动3:了解平面直角坐标系内的点的坐标性质。

【教师活动】引入象限概念和坐标性质的知识。在平面直角坐标系中,坐标平面被两条坐标轴划分成4个区域,这些区域被称为象限,分别命名为第一象限、第二象限、第三象限和第四象限。位于坐标轴上的点不归入任何象限。如图 2.27 所示。

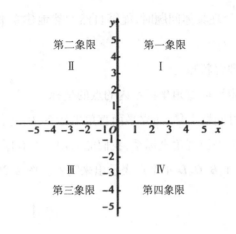

图 2.27　象限

探究问题 1:画出以下点在直角坐标系中的位置:$A(3,2)$,$B(-2,5)$,$C(-5,-2)$,$D(3.5,-2.5)$,$E(0,-4)$。

探究问题 2:通过以上实例,你们能不能总结一下平面上的点与有序实数对之间的关系?

探究问题 3:请同学们思考一下平面直角坐标系中各象限的点有什么特点并填表 2.31。

表 2.31　象限

点的位置	横坐标符号	纵坐标符号
在第一象限	+	+
在第二象限		
在第三象限		
在第四象限		

【学生活动】思考并独立完成表格,与同桌相互检查是否正确,总结不同象限坐标的特点。

【设计意图】引导学生探究,培养学生的表达能力和自信心,同时帮助学生认识到自己的不足并努力改进。

(5)课堂练习,巩固新知。

【教师活动】讲解例题,帮助学生应用所学知识解决具体问题。

例题 1:在下列关于平面直角坐标系的描述中,不正确的一项是(　　　)。

A.在平面直角坐标系中,x轴与y轴是垂直交叉的

B.坐标原点的横坐标和纵坐标均为零

C.平面直角坐标系中的每个点都与一个实数相对应

D.坐标轴上的点不属于任何象限

例题2:在直角坐标系中,点P至x轴的间隔为3,至y轴的间隔为6,且点P位于第四象限,则点P的坐标为_____。

【学生活动】在教师的引导下完成例题。

【设计意图】加深学生对平面直角坐标系各象限内的点的坐标的理解,结合点到坐标轴的距离,确定点的坐标。

(6)拓展延伸,学科融合

【教师活动】引入平面直角坐标系在其他学科中的应用实例。展示一些运用平面直角坐标系进行艺术创作的图片或视频。例如,利用平面直角坐标系设计的几何图案、建筑图纸、动画效果等。如图2.28所示。

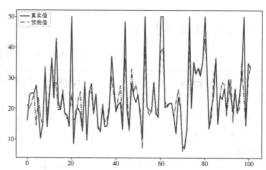

图2.28　跨学科应用

【学生活动】了解平面直角坐标系在不同学科中的应用,感受数学与其他学科的紧密联系。观看图片和视频,感受平面直角坐标系在艺术领域的独特魅力。

【设计意图】通过跨学科知识拓展,让学生了解到平面直角坐标系不仅在数学学科中具有重要意义,在其他学科领域也运用广泛,帮助学生拓宽视野,提高跨学科思维能力。

(7)课堂小结,提升素养

回顾本节课的学习过程,学生相互交流这节课给自己带来了哪些感想和收

获,从知识与能力、过程与方法、情感态度与价值观三个方面进行总结和归纳。

(8)布置作业,课后巩固

结合本节课所学知识,练习不同坐标的表示方法。

8. 教学效果评估表

(1)学习态度评价(表 2.32)

表 2.32 学习态度评价

评价内容		自评	互评
学习常规	积极思考,完成课堂实践活动		
	认真听老师讲课,积极回答问题		
	认真听同学发言,主动找出同学与自己的观点的异同之处,发表自己的观点		
合作交流	主动与同学交流,采纳他人好的建议,发表自己的观点		
总分			

(2)知识性评价(表 2.33)

表 2.33 知识性评价

学习目标	新手	学徒	熟练	出色	完美	自评	师评
学会有序数对的概念、平面直角坐标系的定义及其应用							
能够应用所学知识解决实际问题							

(3)技能性评价(表 2.34)

表 2.34 技能性评价

评价内容	熟练掌握	基本掌握	初步掌握	未掌握	自评	师评
能够熟练使用 GIS 软件绘制和分析坐标点						

续表 2.34

评价内容	熟练掌握	基本掌握	初步掌握	未掌握	自评	师评
能够制作清晰、美观的展示板,展示学习成果						

（4）综合性评价（表 2.35）

表 2.35　综合性评价

评价等级	评价内容	自评	师评
优秀	在各个方面表现突出,能够独立思考和解决问题,具有强烈的数学应用意识		
良好	在大多数方面表现良好,能够较好地理解和应用所学知识,具有一定的数学应用意识		
中等	在某些方面表现一般,需要进一步提高理解能力和应用能力,有一定的数学应用意识		
待提高	在多个方面表现不佳,需要加强学习和实践,增强数学应用意识和能力		

9. 总结与反思

本案例成功将 STEAM 教育理念巧妙地融入初中图形与几何教学,不仅让学生深刻理解平面直角坐标系的相关知识,还显著增强了学生的实践能力与团队协作能力。此外,本次活动不仅成功点燃了学生对科学探究的热情,而且像一把钥匙巧妙地开启了学生创新思维的宝库。

2.3　基于 STEAM 的初中数学"统计与概率"教学案例

初中数学"统计与概率"领域包括"数据的收集、整理与描述""数据的分析""概率初步"三个主题。学生将进一步学习数据的收集、整理、描述和分析,从概率计算、统计推断、实际应用三个方面研究这些内容的基本原理和相互关联。其中:"数据的收集、整理与描述"强调数据的来源、分类、初步整理及描述性统计方法,通过多种方式获取数据,借助表格、统计图等直观手段呈现数据的特征,在把握数据收集方法的基础上进行有效整理与准确描述;"数据的分析"

强调从量化分析的观点研究数据,理解数据的集中趋势和离散程度以及数据分析方法中的不变原则,增强学生运用数据进行决策和预测的能力;"概率初步"强调可能性量化,掌握列举法和树状图等基本概率计算方法,理解等可能事件和非等可能事件的概率计算,能够运用概率对实际问题进行决策和风险评估。

在探索初中数学统计与概率的教学,深度融入 STEAM 教育理念时,教师需精准把握每堂课的核心任务与目标,紧密依托教材内容和课程标准,设计出符合学生认知发展特点的教学目标。在此过程中,教师要精心筹备合适的教学活动,确保各个环节均能有效地激发学生主动探求知识与综合实践的热情。整合科学探究、技术应用、工程设计、艺术审美和数学计算等多领域的资源,一方面使教学方式更加多元化,助力学生准确领会和深入理解抽象的概率统计概念。另一方面,在具体的教学过程中,教师需要通过多学科资源的融合,借助实验操作、项目实践、案例分析等多种形式,积极引导学生参与其中,让学生亲身感知统计与概率知识的构建与应用历程,提高学生综合应用知识的实践能力。例如:借助信息技术工具,学生们可以模拟随机事件,直观感受概率的变化规律;通过实际参与记录统计调查项目,学生将抽象的理论知识转化为实际的操作流程,从而深刻地理解数据收集、整理与分析的重要性及方法。本研究从"数据的收集、整理与描述""数据的分析""概率初步"中分别选取了"数据的集中趋势"与"用列举法求概率"两个典型课例,探索将 STEAM 教育理念融入初中数学"统计与概率"教学设计案例的方法,为日后的 STEAM 教学提供参考。

案例 1:数据的集中趋势

1.案例介绍

本案例选自人教版数学八年级下册(六三学制)第 20 章《数据的分析》第 1 节(第 1 课时)的内容,是"数据的分析"这一部分的内容,主要介绍加权平均数的计算及其在实际生活中的应用,旨在让学生理解平均数、中位数和众数等概念,学会运用这些统计量分析数据的特征。本案例以华为公司招聘技术员为例,引出加权平均数的概念和计算方法,然后结合中国传统文化知识,逐步给出利用频数计算平均数以及利用部分样本特征预测总体特征,深入理解数据的集中趋势,体会统计方法在实际生活中的应用。

　　此前,学生已学习数据的收集、整理与描述,为学习数据的集中趋势奠定了基础,后续还会学习数据的波动程度等知识。"数据的集中趋势"起着承上启下的衔接作用,将零散的数据处理知识串联起来,构建起完整的数据处理知识体系。它是从基础数据操作迈向深入数据分析的过渡阶段,帮助学生学会从大量的数据中提取关键信息。

　　从课程标准角度看,这部分内容适应了培养学生数据分析观念的要求。通过对平均数、中位数和众数的学习,学生能够运用这些统计量清晰地描述数据的特征。在实际生活中,无论是分析考试成绩,了解班级整体学习水平,还是分析商场商品的销售数据,帮助商家制定进货策略,抑或是研究气温变化,探究气候变化规律,数据的集中趋势都发挥了重要作用。这不仅让学生直观地感受到数学与生活的紧密联系,更培养了学生用数学思维思考世界、解决实际问题的能力,为学生未来在社会科学、自然科学等多个领域的学习和研究提供必备的数学工具,对于提高学生的数学素养及综合能力有着不可替代的作用。

　　本案例融合科学、技术、工程、艺术和数学等领域的资源:在科学方面,引导学生思考气温数据与气候变化、生态环境的联系;在技术层面,鼓励学生尝试使用计算器、电子表格软件处理数据;在工程方面,让学生设计数据统计方案;在艺术方面,通过绘制气温变化折线图展现数据之美;在数学方面,运用平均数等知识分析来源于实际生活的数据。整个教学过程,重在培养学生综合运用多学科知识分析问题和解决问题的能力。

　　2.课标要求

　　(1)理解加权平均数的概念,掌握其计算方法,能在具体情境中准确运用加权平均数分析数据的特征。探究不同的实际问题,体会在不同背景下数据权重的差异及对结果的影响,培养数据分析素养和数学应用意识。

　　(2)学会从数学角度观察、分析和解决实际问题,提升用数学思维思考现实世界的能力,为后续在学习和生活中处理复杂数据奠定基础。

　　3.学习目标

　　(1)知识目标:理解加权平均数的概念并能准确计算,掌握根据不同的数据分布情况(如频数分布)计算加权平均数的方法,能在各类实际情境中正确运用加权平均数解决问题。

（2）能力目标：学会运用数据统计方法整理和分析数据，提高数据处理能力与分析能力；能够根据数据分析结果提出合理的见解，培养逻辑思维能力和批判性思维能力。

（3）素养目标：借助情境感受数学与其他领域的联系，培养数学素养以及学习数学的兴趣与动力。借助案例激发爱国情感与社会责任感，树立理想信念。在合作交流中培养团队精神与人际交往能力，促进全面发展。

（4）STEAM 素养目标：在数据收集与整理过程中，培养工程思维，设计合理的数据统计方案；利用信息技术手段处理数据，提升技术应用能力；通过分析气温数据与环境的关系，加深对科学知识的理解；用图表展示数据结果，体现艺术表达的效果。

4. 教学重点与难点

（1）教学重点：加权平均数的概念及其计算，根据不同的数据分布情况（如频数分布）计算加权平均数的方法。

（2）教学难点：根据不同的数据分布情况（如频数分布）计算加权平均数的方法。

5. 跨学科知识点分布

本案例中的跨学科知识点，如表 2.36 所示。

表 2.36　本案例中的跨学科知识点

学科	知识点分布
数学	加权平均数的计算原理与公式推导，不同的数据呈现形式（如频数分布数据）下加权平均数的计算方法
技术	使用电子表格（如 Excel）进行数据录入、计算和图表制作
工程	设计数据统计方案，包括确定数据收集方法、分组方式等
艺术	数学文化
科学	气温数据与气候、环境的关联，理解气温变化对生态系统的影响

6. 条件准备

【所需物品】计算器、计算机（安装有电子表格软件，如 Excel）、纸、铅笔、直尺。

【知识准备】学生需掌握有理数的运算方法,了解数据收集与整理的基本步骤,对平均数的概念有初步认识。

7. 教学过程

(1)创设情境,引出"加权"

【教师活动】播放华为公司实现芯片100%国产化的视频。目前华为公司打算招聘一名程序员,且对甲、乙两名应试者进行了编程基础、算法设计、项目实践、问题解决测试,他们的各项成绩(百分制)如下表2.37所示。

表2.37 应试者的成绩

单位:分

应试者	编程基础	算法设计	项目实践	问题解决
甲	85	78	85	73
乙	73	80	82	83

探究问题1:如果华为公司想招一名综合能力较强的程序员,从平均成绩看,应该录取谁?

【学生活动】观看视频,发表自己的观点,完成计算。

$$平均成绩(甲) = \frac{85 + 78 + 85 + 73}{4} = 80.25(分);$$

$$平均成绩(乙) = \frac{73 + 80 + 82 + 83}{4} = 79.5(分).$$

从平均成绩来看,应试者甲的综合能力较强,因此华为公司应录取应试者甲。

【设计意图】让学生计算程序员应聘者的平均成绩,巩固平均数的计算方法这一旧知识。借助美国"芯片战"和华为公司的背景材料,激发学生的爱国情,增强学生的民族自豪感与责任心,让学生了解计算机领域的能力要求,提升计算机素养。

(2)探究新知,理解"加权"

探究问题2:如果华为公司想招一名项目实践能力较强的程序员,编程基础、算法设计、项目实践、问题解决成绩按照2:1:3:4的比例确定,计算两名应试者的成绩(百分制)。从成绩看,应该录取谁?

【教师活动】引导学生对比问题1、问题2,发现各项成绩的"重要程度"有所不同:在问题2中,项目实践、问题解决的成绩更重要。引导学生完成问题的计算,并给出加权平均数公式:

一般情况下,若 n 个数 x_1, x_2, $\cdots$, x_n 的权分别是 w_1, w_2, $\cdots$, w_n,则 $\dfrac{x_1w_1 + x_2w_2 + \cdots + x_nw_n}{w_1 + w_2 + \cdots + w_n}$ 叫作这 n 个数的加权平均数。

【学生活动】通过具体实例计算结果,理解加权平均数,发现其与平均数的不同之处。

$$平均成绩(甲) = \frac{85 \times 2 + 78 \times 1 + 85 \times 3 + 73 \times 4}{2 + 1 + 3 + 4} = 79.5(分);$$

$$平均成绩(乙) = \frac{73 \times 2 + 80 \times 1 + 82 \times 3 + 83 \times 4}{2 + 1 + 3 + 4} = 80.4(分).$$

从加权成绩来看,应试者乙的综合能力较强,因此华为公司应录取应试者乙。

【设计意图】设计不同的权重问题,进行对比计算,帮助学生区分加权平均数与普通平均数的差异,领悟"权"的关键作用,使其明白岗位需求不同,则数据评价方法不同,为学生处理复杂数据奠定基础,培养学生的数据分析素养。

(3)深化概念,明晰"加权"

探究问题3:如果华为公司想招一名创新能力较强的程序员,编程基础、算法设计、项目实践、问题解决成绩的权重应该如何分配呢? 计算两名应试者的成绩(百分制)。从成绩看,应该录取谁?

【教师活动】组织与引导分组活动,第一步,分配权重,请说明理由;第二步,计算两名应试者的成绩,应该录取谁?

【学生活动】分小组讨论,选派代表阐述权重分配的理由,各小组相互交流,确定权重分配。

【设计意图】组织学生分组讨论权重分配,促使学生深度参与知识构建,深刻体会"权"是加权平均数的核心。引导学生运用逻辑和批判性思维确定权重,通过小组交流学会多角度思考,增强团队协作能力。

(4)拓展学科,脑洞大开

【教师活动】用多媒体展示不同背景下的"权"。《孟子·梁惠王上》:"权,然后知轻重。"《汉书·律历志上》云:"权者,铢、两、斤、钧、石也,所以称物平施,知轻重也。"关于"权",你还能想到哪些汉字?

【学生活动】理解文言文中"权"的意思,进行联想,说出"权衡""权力""权势""权倾朝野"等词语。

【设计意图】展示古文中与"权"相关的汉字,拓宽学生的文化视野,凸显数学与文学的联系,增强学生的文化素养,使学生深入理解加权平均数,培养学生的跨学科思维。

(5)应用"加权",多种表述

【教师活动】播放《科学家发现南极冰川融化速度加倍》的视频。

探究问题 4:气象站收集的气温数据,对我们了解气温变化及其对当地气候的影响具有重要价值。我们收集了某地某个月中午 12 时的气温数据(如表 2.38 所示),怎样能知道这个月中午的典型气温情况?

表 2.38　气温数据

气温	20 ℃	21 ℃	22 ℃	23 ℃	24 ℃	25 ℃
次数	4	7	2	5	6	6

【学生活动】尝试计算该气温数据的加权平均数。

【教师活动】讲解频数(次数)在计算加权平均数时的作用,以及频数与权之间的联系,介绍用计算器计算加权平均数的过程。

在求 n 个数的平均数时,如果 $x_1,x_2,\cdots,x_k$ 各个数据出现的频数(或者次数)分别为 $f_1,f_2,\cdots,f_k$ 且 $f_1+f_2+\cdots+f_k=n$,则这 n 个数的平均数为

$$\bar{x}=\frac{x_1f_1+x_2f_2+\cdots+x_kf_k}{n},$$

也叫作 $x_1,x_2,\cdots,x_k$ 这 k 个数的加权平均数,其中 $f_1,f_2,\cdots,f_k$ 分别叫作 $x_1,x_2,\cdots,x_k$ 的权。

【设计意图】借南极冰川融化的事实引出气温数据分析,增强学生的社会责任感。让学生依据数据分布情况确定权重并计算加权平均数,深化对平均数的认识。

【教师活动】播放《核电站竟然成了高品质珍珠的养殖场》的视频。

探究问题 5:为了检测核电站附近水域澳白珍珠的生长情况,工作人员从中

随机打捞了部分白蝶贝，共发现了 100 颗大小不一的珍珠，其直径情况如图 2.29 所示。核电站附近水域珍珠的平均直径是多少？

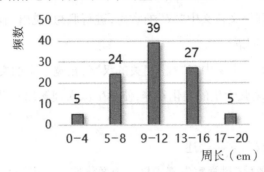

图 2.29 不同珍珠直径出现的频数

【学生活动】尝试根据频数分布表计算珍珠的平均直径。

【教师活动】讲解如何根据频数分布表计算珍珠的平均直径的原理和方法，掌握在实际生活中根据样本的平均数来估算总体的平均数的方法。

$$样本的平均数 = \frac{5 \times 2 + 24 \times 6.5 + 39 \times 10.5 + 27 \times 14.5 + 5 \times 18.5}{100}$$

$$= 10.6(\text{cm}).$$

【设计意图】利用珍珠样本的直径数据，提升学生根据频数分布表计算平均数的技能。引导学生估算核电站生产的珍珠的直径，增强学生解决实际问题的能力。以"珍珠产业发展和生态保护协同共进"这一案例为引导，激发学生保护地球生态环境的责任感。

(6) 回顾总结，升华认识

【教师活动】以"台阶"的形式给出问题，引导学生回顾本节课所学。

【学生活动】从知识、能力、素养和 STEAM 理念四个方面总结本节课所学。

(7) 分层作业，巩固发展

【教师活动】设计分层作业，布置必做题型，注重培养不同层次的学生，同时设置探究作业——课后综合实践第 6 题。

【学生活动】完成作业。

【设计意图】注重培养不同层次的学生，综合实践练习的主题应与本案例中的气温变化与全球变暖的主题相呼应，拓展学生的学科知识，增强学生保护生态环境从自我做起的意识。

8. 教学效果评估表

(1)学习态度评价(表2.39)

表 2.39　学习态度评价

评价内容		自评	互评
学习常规	积极思考,主动参加课堂教学活动		
	认真听老师讲解,积极回答老师提出的问题		
	认真听同学发言,能够发现同学与自己的观点的异同之处,发表自己对数据结果的看法		
合作交流	主动与小组成员交流,共同完成频数统计及加权平均数的计算任务,采纳他人好的建议,发表自己的观点		
总分			

(2)知识性评价(表2.40)

表 2.40　知识性评价

学习目标	新手	学徒	熟练	出色	完美	自评	师评
理解加权平均数的概念及计算原理							
能根据不同的数据分布计算加权平均数							
能够准确判断实际生活中加权平均数的应用场景							

(3)技能性评价(表2.41)

表 2.41　技能性评价

评价内容	熟练掌握	基本掌握	初步掌握	未掌握	自评	师评
能够计算加权平均数						
能够利用计算器、Excel 表格计算与分析数据						
能够设计合理的权重分配方案						

(4)综合性评价(表 2.42)

表 2.42　综合性评价

评价等级	评价内容	自评	师评
优秀	深刻理解加权平均数,能灵活运用知识解决各类问题,数据处理与分析能力强,在小组合作中起核心作用,能将数学与其他学科有效融合,展现较高的综合素养		
良好	理解加权平均数,能解决常见问题,有一定的数据处理能力和合作能力,能联系部分学科知识,综合素养较高		
中等	基本理解加权平均数,能解决简单的问题,数据处理能力和合作能力一般,不能很好地将数学与其他学科联系在一起,综合素养中等		
待提高	学习态度不积极,理解和应用加权平均数存在较多的问题,知识和技能掌握不足,在小组合作中参与度低,缺乏学科融合意识,对数据结果分析困难		

9. 总结与反思

该案例以"数据的集中趋势"为核心,深度融合 STEAM 教育理念,采用真实情境的案例教学,结合多个新闻热点问题,围绕知识点创设多个探究任务。学生通过小组合作参加数据分组、频数统计、图表制作等活动,凸显了"以真实情境为探究任务,建立数据分析观念"和"以小组协作的过程体验,增强数据分析能力"的教学设计策略。通过跨学科知识融合,学生不仅掌握了数据分析的基本方法,而且培养了数学抽象、运算、推理、直观想象和应用意识等核心素养。

案例 2:用列举法求概率

1. 案例介绍

本案例选自人教版数学九年级上册(六三学制)第 25 章《概率初步》第 2 节"用列举法求概率",是"统计与概率"中的"概率"这一部分的内容。本章初步介绍概率内容,主要包括随机事件与概率、用列举法求概率以及用频率估计概率等知识,囊括了概率计算常用的几种方法,在数学学科体系中,起着衔接概率的概念与概率的计算方法的重要作用,并且与学生的生活(如抽奖活动、游戏公平性判定等方面)结合较紧密,充分体现了数学与生活的紧密联系,能够激发学生学习的兴趣。

从课程标准要求来看,"用列举法求概率"是"概率初步"的第 2 个课时,在这一章中起着承上启下的作用。学生在前期已经学了数据和随机事件的概念,具备了一定的数据意识,了解随机事件的概念,已具备学习本节内容的基础。本节课的知识将为后续用频率估算概率等知识的深入探究做铺垫。本节主要通过直接列举的方法列出简单随机事件所有可能的结果,进而分析随机事件发生的概率,初步掌握随机事件发生概率的计算方法,适应了课程标准中培养学生的数据分析观念和数学应用意识的要求,目标是培养学生用数学眼光观察世界、用数学思维思考世界、用数学语言表达世界的能力。学生利用列举法分析实际问题,从复杂的日常生活中抽象出概率模型,锻炼了数学抽象能力,提升了数学运算能力和逻辑推理能力,让学生切实体会到数学的实用性。

本案例结合 STEAM 教育理念,以抽泡泡玛特盲盒为案例来源,重新设计了"用列举法求概率"这一跨学科教学活动。该活动以学生日常生活中常见的抽盲盒为背景,通过分析和解决实际问题,以项目式学习为媒介,综合美学、经济学、数学等学科知识,实现跨学科学习,让学生在活动中感受到概率的稳定性、数学的实用性、盲盒的美学设计、博弈思维等。本案例通过整合多领域的资源,全方位提升学生的综合素养和创新能力。

2. 课标要求

(1)能够从丰富多样的随机事件情境中,抽象出用列举法求概率的数学模型,理解其原理与适用范围,学会将实际问题转化为数学模型来求解。

(2)能够在运用列举法梳理随机事件的结果与计算概率的过程中,发展逻辑推理能力,准确计算概率,提升数学运算的准确性与规范性。

(3)能够借助表格、图表等直观形式辅助列举,增强直观想象能力;学会收集、整理和分析随机事件数据,培养数据处理与应用意识。

3. 学习目标

(1)知识目标:深入理解用直接列举法和列表法求概率的概念及原理,能够精准区分两种方法的适用场景。熟练运用这两种方法,准确计算简单随机事件的概率。

(2)能力目标:通过解决实际问题,显著提高分析问题和解决问题的能力。学会从复杂的实际情境中抽象出概率模型,运用概率知识做出合理的决策。通过教学活动,提升数据处理能力和逻辑思维能力,能够有条不紊地列举随机事件的结果。

(3)素养目标:通过用列举法求概率的探究全过程,有效培养数学抽象、逻辑推理、数学运算等核心素养。深刻感受数学与生活的紧密联系,体会数学在解决实际问题方面的重要价值,激发对数学学习的浓厚兴趣。

(4)STEAM 素养目标:通过引入多学科知识与方法,如利用计算机软件模拟概率实验,培养技术应用能力;设计概率实验方案,提升工程思维能力;结合经济学知识分析概率问题,增强跨学科综合素养,全面提升 STEAM 素养。

4.教学重点与难点

(1)教学重点:熟练掌握采用直接列举法和列表法求概率的方法,能够准确运用这两种方法列出随机事件所有可能的结果,并计算概率。

(2)教学难点:能够根据实际问题选择合适的列举方法,确保不重复地列出所有可能的结果。深刻理解概率在实际情境中的作用,运用概率知识进行理性的分析和决策。

5.跨学科知识点分布

本案例中的跨学科知识点分布,如表 2.43 所示。

表 2.43　本案例中的跨学科知识点

学科	知识点分布
数学	用直接列举法、列表法求概率,概率的基本运算
技术	利用计算机模拟实验软件做概率实验,直观地展示概率的变化趋势,帮助学生理解概率的稳定性
工程	设计简单的概率实验方案,包括确定实验目的、实验步骤、数据收集与分析方法等,初步展现思维导图的雏形
艺术	探讨概率在购买游戏卡片、彩票设计等方面的美学体现,例如,如何设计盲盒人物及其衣服的配色以吸引参与者,如何设置彩票奖项
科学	经济学中的博弈思维在概率决策中的应用,通过概率分析理解市场竞争中的风险与决策

6. 条件准备

【所需物品】若干个泡泡玛特动漫盲盒,盲盒款式应包含不同系列的热门形象,如 Molly、Dimoo 等,每种款式的数量足够实验所需;多媒体设备、Excel 软件,便于学生进行模拟实验;纸张、铅笔等文具,供学生记录实验结果和计算。

【知识准备】学生复习随机事件、概率的基本概念,具备一定的数据分析能力和逻辑思维能力,初步了解简单的排列组合知识。

7. 教学过程

(1)创设情境,引发思考

【教师活动】利用多媒体设备播放一段泡泡玛特线下门店的热闹场景视频,展示各种泡泡玛特盲盒及隐藏款的图片。

探究问题 1:大家最喜欢的盲盒系列人物是哪一个? 是否一定能在一堆盲盒中抽到自己喜欢的款式呢?

探究问题 2:假设现在有一个 Molly 盲盒套装,里面有校园、森林、太空这三种盲盒,从中抽取两个盲盒,你们能想到会出现哪些结果吗?

【学生活动】观看视频,分享自己购买盲盒的经历,感受概率计算在这些场景中的重要性。针对抽取两个泡泡玛特盲盒的实验,小组成员展开讨论,尝试列举结果。

【设计意图】以学生热衷的泡泡玛特盲盒为切入点,初步引导学生思考如何有条理地列举随机事件的结果,为后续直接列举法的教学做好铺垫,培养学生从现实情境中抽象出数学问题的能力。

(2)合作探究,学习新知

游戏 1:一套 Molly 有校园、森林、太空这三种盲盒,从中任意抽取一款后放回,抽取两次盲盒的结果有哪些,其对应的概率是多少?

【教师活动】组织学生参与抽取泡泡玛特盲盒的实验,阐述游戏规则,要求学生分组抽取并认真记录每次抽取的结果。当大部分小组完成多次实验后,引导学生观察记录的结果,提出问题:在这个游戏中,我们需要遵循什么原则才能准确地列举出所有可能的结果? 最后在黑板上展示用列举法得到的结果,强调抽盲盒应遵循的原则。

【学生活动】4 人一组进行盲盒抽取实验。小组成员分工明确,一人负责抽取盲盒,担任买家角色;一人负责整理盲盒,担任卖家角色;另外两人负责记录每次抽取的结果,并进行比较,看哪一种记录更直观、便捷。

探究活动 1:比较两名记录员的记录结果,同时结合教师的引导选择最优记录方案。

探究活动 2:在小组内部交流时,初步回答游戏 1 的问题,分享自己求解的过程,进一步加深对直接列举法和概率计算的理解。

【设计意图】通过抽取盲盒实验,让学生直观地感受随机事件结果的不确定性,增强对随机现象的感性认识,同时培养学生的动手能力、数据收集能力、团队协作能力、数学运算能力和逻辑推理能力。

(3)深入探究,掌握列表

游戏 2:一套 Molly 有校园、森林、太空、海洋这四种盲盒,从中任意抽取一款后放回,两次抽取同一系列盲盒的概率是多少?

【教师活动】提出问题:如何不重复地列出所有可能的结果? 学生先在小组内部讨论,列出可能出现的结果。巡视各小组,针对具体的讨论情况,适时给予学生启发。当大部分小组完成多次实验后,在黑板上展示表格(表格上呈现的是通过列表法抽取两个盲盒得到的所有结果),如表 2.44 所示。

表 2.44　游戏 2 的所有结果

类别	校园	森林	太空	海洋
校园	(校园,校园)	(校园,森林)	(校园,太空)	(校园,海洋)
森林	(森林,校园)	(森林,森林)	(森林,太空)	(森林,海洋)
太空	(太空,校园)	(太空,森林)	(太空,太空)	(太空,海洋)
海洋	(海洋,校园)	(海洋,森林)	(海洋,太空)	(海洋,海洋)

详细讲解列表法:画出表格,将抽取第一个盲盒的所有可能的结果作为表头的横行,将抽取第二个盲盒的所有可能的结果作为表头的竖列,通过交叉组合就能清晰地展示所有可能的结果。引导学生根据列表结果,快速计算抽取结果的相应概率。

【学生活动】根据教师的引导完成游戏 2,小组内部讨论、对比分析直接列举法和列表法的优点和缺点,理解列表法的原理和优势。数表格中的对应结果的数量,计算抽到同一系列盲盒的概率,数出对角线上满足条件的结果有 4 种,即抽到同一系列盲盒的概率为 $4/16 = 1/4$。

【设计意图】通过引入从 4 种盲盒中抽取 2 个盲盒的问题,引导学生发现直接列举法在处理此类问题时的局限性,从而自然引出列表法。让学生体会到不同的数学方法在解决不同问题时的适用性,培养学生根据问题的特点选择合适方法的能力。

(4)拓展延伸,提升能力

【教师活动】引入经济学中的博弈思维,演示泡泡玛特盲盒 Dimoo 星座系列的销售场景。Dimoo 星座系列有 12 个常规款、1 个隐藏款,可以单个购买,也可以成套购买。商家为了更好地销售盲盒,推出两种销售策略,一种是成套销售,一套中有 12 个不同类别的盲盒,每 12 套盲盒中只放 1 个隐藏款来随机替换 1 个常规款;另一种是单个销售。商家经常会跟买家说成套购买获取隐藏款的概率比一次买一个的概率更高,事实确实如此吗? 学生分组借助 Excel 表格运用所学的列表法求概率的知识,列出所有可能的结果,计算相关事件的概率,并判断商家的说法是否正确。在学生初步计算出结果的基础上,利用 PPT 分析和讲评。

【学生活动】运用直接列举法或列表法深入分析实际问题,列出所有抽取盲盒的结果,验证一次购买成套盲盒获取隐藏款的概率是否比连续 12 次单个购买盲盒获取隐藏款的概率大。小组成员分工合作,共同探讨解题思路,相互启发,尝试不同的方法,形成具体的解题过程,并在全班汇报,分享解题思路和结论。

【设计意图】通过解决与泡泡玛特盲盒相关的实际问题,体现 STEAM 教育理念,培养学生综合运用多学科知识和技术解决问题的能力。同时,结合实例分析,提醒学生理性消费,警惕商家的消费陷阱,树立正确的消费观。

事实上,大部分盲盒系列抽取概率一般集中在 $\frac{1}{144}$ 与 $\frac{1}{96}$ 之间,抽到最稀有的超级隐藏款的概率甚至只有 $\frac{1}{500}$ [14],如图 2.30 所示。

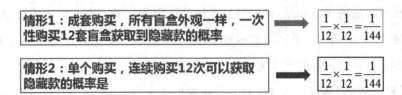

情形1：成套购买，所有盲盒外观一样，一次性购买12套盲盒获取到隐藏款的概率 ➡ $\frac{1}{12} \times \frac{1}{12} = \frac{1}{144}$

情形2：单个购买，连续购买12次可以获取隐藏款的概率是 ➡ $\frac{1}{12} \times \frac{1}{12} = \frac{1}{144}$

图 2.30　抽取盲盒获得隐藏款的概率

(5)总结反思，巩固拓展

【教师活动】组织学生回顾本节课所学的用直接列举法和列表法求概率的知识，引导学生总结两种方法的适用条件、步骤和注意事项。布置课后作业，要求学生收集至少两个可以用列举法求概率且与自己的兴趣爱好相关的例子，并分析和解答。结合游戏2提醒学生在日常购买盲盒时要理性消费，并结合课本课后阅读布置课后拓展练习，练习计算有关购买彩票中奖的概率。

【学生活动】参与回顾和总结，分享自己对直接列举法和列表法的理解，认真记录课后作业，课后积极收集例子，运用所学知识进行分析和解答，进一步巩固所学知识。

【设计意图】通过总结反思，帮助学生梳理知识体系，加深对所学知识的理解和记忆，培养学生的总结归纳能力和反思能力。学生分享收获和体会，促进自我认知和反思，提升学习能力和表达能力。布置课后作业，让学生在课后继续巩固所学知识，提高学生运用知识解决实际问题的能力，同时培养学生的自主学习能力和探索精神，鼓励学生在生活中发现数学、应用数学。

8.教学效果评估表

(1)学习态度评价(表2.45)

表 2.45　学习态度评价

评价内容		自评	互评
学习常规	积极思考，完成课堂实践活动		
	认真听老师讲课，积极回答问题		
	认真听同学发言，主动找出同学与自己的观点的异同之处，发表自己的观点		
合作交流	主动与同学交流，采纳他人好的建议，发表自己的观点		
总分			

（2）知识性评价（表2.46）

表2.46　知识性评价

学习目标	新手	学徒	熟练	出色	完美	自评	师评
理解列举法的原理并能够在实际问题中进行运用							
理解列表法的原理并能够在实际问题中进行运用							
能够准确地计算出实际问题发生的概率							

（3）技能性评价（表2.47）

表2.47　技能性评价

评价内容	熟练掌握	基本掌握	初步掌握	未掌握	自评	师评
能够熟练利用列举法或列表法从实际问题中列出所有可能发生的事件						
能够独立重现课程中的实验过程						

（4）综合性评价（表2.48）

表2.48　综合性评价

评价等级	评价内容	自评	师评
优秀	学习态度积极,知识掌握牢固,能够熟练运用直接列举法和列表法解决复杂问题,实验步骤和软件操作娴熟,跨学科思维活跃		
良好	学习态度较好,知识掌握较牢固,能运用列举法和列表法解决大部分问题,实验步骤和软件操作较熟练,有一定的跨学科思维能力		

续表 2.48

评价等级	评价内容	自评	师评
中等	学习态度一般,基本掌握知识和技能,在用列举法和列表法解决较复杂的问题时存在一定的困难,实验步骤和软件操作能力一般,跨学科思维能力有待提高		
待提高	学习态度不积极,知识和技能掌握不足,难以解决实际问题,实验步骤和软件操作不熟练,缺乏跨学科思维能力		

9. 总结与反思

本案例设计充分融合了 STEAM 教育理念,以泡泡玛特盲盒这一学生熟悉且感兴趣的情境为切入点,巧妙地将数学概率计算、模拟实验、工程设计思维、艺术美学欣赏以及经济学中的博弈思维等多学科知识紧密结合。这种跨学科的整合方式,打破了传统教学的单一模式,为学生呈现了一个丰富多元且极具现实意义的学习场景。该案例在教学设计上遵循主体性原则、协作性原则、体验性原则以及情境性原则。

通过这样的教学设计,学生不仅能够更好地理解和掌握概率知识,提高综合素养和实际应用能力,而且能在跨学科的学习过程中拓宽视野,培养创新思维和解决问题的能力,真正实现 STEAM 教育理念下的教学目标。

2.4 基于 STEAM 的初中数学"综合与实践"教学案例

"综合与实践"在中学数学课程中有着不可忽视的重要意义。它不仅是数学知识的简单应用,而且是连接数学与现实生活、其他学科的重要桥梁,在中考以及学生的数学素养培养中都占据着重要地位。这部分内容是学生将数学知识应用于实际情境、提升综合素养、培养创新精神和实践能力的重要途径,是学生体会数学的实用价值和文化价值的重要载体。

"综合与实践"是数学知识与实际应用深度融合的体现,其内容丰富多样,涵盖多个主题和领域,如数学实验、数学调查、数学建模等。它强调学生通过自主探究、小组合作等方式,运用数学知识和其他学科知识解决实际问题。[15] 例如:一些综合实践活动可能会涉及数据的收集、整理与分析,会运用到统计知识;在开展工程设计类的实践活动时,会用到几何图形的相关知识以及数学建模方法。通过这些活动,学生可以整合不同学科的知识,打破学科的界限,真正做到学以致用。

在综合与实践的学习中,学生需要掌握多种技能,如信息收集与整理能力、数据处理与分析能力、数学模型的构建与应用能力以及团队协作和表达能力等。特别需要注意的是,在实践活动中培养的创新思维和问题解决能力,不仅是综合与实践领域的核心能力,更是学生未来面对复杂多变的社会必备的能力。通过参加综合与实践活动,学生能够逐渐学会从不同的角度思考问题,尝试用多种方法解决问题,培养勇于创新、敢于实践的精神。

STEAM 教育注重知识的融合与应用,倡导学生通过主动探究、实践操作和创新创造解决实际问题,这与综合与实践的教学目标高度一致。将综合与实践与科学、技术、工程、艺术等学科有机结合,可以为学生创造更丰富的学习体验,帮助他们深入理解和运用数学知识,同时全方位提升他们的综合素养。本研究从"综合与实践"领域精心挑选"遮阳篷设计"和"哪个城市夏天更热"两个案例,探索将 STEAM 教育理念融入初中数学"综合与实践"教学设计案例的方法,期望能为今后的 STEAM 教学提供有益的参考。

案例 1:遮阳篷设计

1. 案例介绍

本案例是北师大版数学九年级下册(六三学制)综合与实践"视力的变化""哪种方式更合算""设计遮阳篷"中的第三个活动。遮阳篷设计是初中数学"综合与实践"领域的重要内容,让学生运用多学科知识解决实际问题,提升综合素养。

《义务教育数学课程标准(2022 年版)》针对初中数学"综合与实践"领域提出了三项新要求:首先,在学习内容方面,突出了跨学科融合的重要性,这意味着不再局限于数学学科内部的综合应用,更加注重数学与其他学科的综合应用;其次,在学习方法上,首次明确了初中数学"综合与实践"领域的教学与学习新模式,即通过项目式学习来实现;再次,在教学评估方面,提升了对"综合与实践"领域教学评估的关注度和系统性,重视评价内容、方式、主体和标准的多方面考量,并特别强调过程性评价在活动全过程中的重要性。综上所述,以"跨学科"为指导的融合设计、以"项目化"为模式的实践驱动以及以"过程性"为视角的评价改进,成了初中数学"综合与实践"领域的发展方向。

遮阳篷在日常生活中随处可见,其设计涉及数学、科学、技术、工程和艺术等多个学科领域。通过该案例,学生将深入理解数学知识在实际场景中的应用,同时学会整合其他学科知识,实现跨学科学习与实践。在数学方面,学生需要运用几何图形的面积、周长计算,以及三角函数来确定遮阳篷的形状、尺寸和角度;科学知识有助于学生了解太阳光线的运动规律和材料的物理性能,从而选择合适的遮阳材料和设计角度;技术层面要求学生掌握绘图软件和测量工具的使用,以便准确绘制设计图和获取实地数据;工程知识引导学生遵循设计流程,进行需求分析、方案设计和可行性评估;艺术知识则使学生关注遮阳篷的色彩搭配和造型设计,使其兼具美观性和实用性。

2. 课标要求

(1)熟练运用数学知识解决实际生活中的几何问题,如计算遮阳篷的面积、周长和角度等,掌握三角函数在角度计算中的应用方法,理解数学模型在实际问题中的构建和应用方法。

(2)运用数学与其他相关学科知识,有逻辑地综合分析问题,经历建立模型、计算反思、解决问题的过程,提高思维能力,逐步形成用数学思维思考现实世界的核心素养。

(3)发展符号意识、模型思想、几何直观和推理能力,激发创新思维与应用意识,提高合作交流能力。

3. 学习目标

(1)知识目标:掌握遮阳篷的设计原理及其模型计算方法,了解影响其设计的多种因素,并能独立设计遮阳篷。

(2)能力目标:学会建立数学模型,运用工程思维解决实际问题,推动项目发展,增强工程意识。

(3)素养目标:提高数学逻辑思维能力,提升科学探究素养,培养严谨的科学态度和实践精神。

(4)STEAM 素养目标:从跨学科角度分析和处理遮阳篷设计的复杂问题,

在实践中不断提高综合运用知识的能力和创新实践能力,培育团队合作精神和沟通交流能力。

4.教学重点与难点

(1)教学重点:运用数学知识精确设计遮阳篷,包括合理选择几何图形,准确计算面积和角度,以及运用三角函数确定最佳倾斜角度,确保遮阳篷满足实际的遮阳需求。

(2)教学难点:对实际问题的理解和抽象的过程。如何根据复杂的实际情况,如不同地区的气候特点、场地的地形和周边环境、用户的多样化需求等,构建合理的数学模型来优化遮阳篷设计方案。

5.跨学科知识点分布

本案例中的跨学科知识点分布,如表2.49所示。

表2.49 本案例中的跨学科知识点

学科	知识点分布
数学	计算遮阳篷的覆盖面积、框架周长等。根据太阳的高度角和方位角,运用三角函数计算遮阳篷的倾斜角度和相关尺寸,确保最佳遮阳效果
技术	在实地考察安装场地时,准确使用测量工具获取场地的长度、宽度、高度差、角度等数据,为设计提供可靠的基础资料
工程	遵循工程规划的基本步骤,包括遮阳篷设计的需求分析、方案设计、可行性评估和项目实施计划的制订
艺术	运用色彩心理学和艺术审美原则,为遮阳篷选择合适的颜色,使其与周围环境相协调,营造舒适、美观的视觉效果。 结合艺术设计理念和用户需求,设计独特的遮阳篷造型,如弧形、波浪形、多边形等,提高遮阳篷的美观度和吸引力
科学	了解太阳在不同季节、时间的位置和光线入射角的变化,为遮阳篷的角度设计和位置布局提供科学的依据

6.条件准备

【所需物品】测量工具,包括不同规格(3米、5米、10米)的卷尺、高精度的量角器、水平仪、激光测距仪等;绘图工具,如A3或A4绘图纸、绘图铅笔、橡皮擦、直尺、圆规、三角板等;各种遮阳篷模型或图片资料;常见的遮阳篷材料样本。

【知识准备】锐角三角函数的相关知识。

7.教学过程

(1)生活导入,小组展示

【教师活动】展示生活中的遮阳篷图片,请学生根据课前收集到的信息,对遮阳篷的组成、作用、应用位置、形状、结构、考虑因素等做简单的分析和汇报。

【学生活动】周末利用期刊、书籍、网络等媒介查询遮阳篷的相关信息,撰写研究报告,如表2.50所示,并做 PPT 进行展示。小组成员分享研究成果。

表 2.50　研究报告信息表

内容	遮阳篷相关信息及常用遮阳篷设计原理的研究报告					1.你在组内的职责是什么? 2.你能积极参加活动,与同学合作时大胆发表看法吗? 3.你发表了哪些意见?
姓名		成员				
要求						
结论	遮阳篷信息	作用		效果	自我评价	4.你能否用所学的直角形遮阳篷知识解释其他形状的遮阳篷的设计原理? 5.你在本次活动中遇到了什么困难?如何解决的? 6.你对本次活动的感受和体会是什么?
		组成				
		应用位置				
		窗前遮阳篷结构				
		窗前遮阳篷形状				
		考虑因素				
	直角形遮阳篷设计原理	设计示意图:	所用数学知识:		小组评价	优点	
						缺点	
					教师评价	优点	
						缺点	

【设计意图】让学生全面认识遮阳篷,为教学做准备。

(2)讲解知识,掌握新知

【教师活动】播放地理老师录制的科普视频,内容涵盖太阳光照规律等方面。在讲解太阳光照规律时,通过动画展示太阳在一年中不同季节、一天中不同时间的位置变化,以及由此导致的光线入射角和光照强度的变化,解释如何根据这些规律确定遮阳篷的安装位置和倾斜角度,以获得最佳遮阳效果,为学生设计遮阳篷提供理论依据。

探究活动1:将实际问题抽象为数学问题。

探究问题1:地处北半球的一扇窗户高 h m,此地一年中正午时刻的太阳光与地平面的最小夹角为 α（即夏至正午时刻），最大夹角为 β（即冬至正午时刻）。请你为该窗户设计一个直角形遮阳篷，要求它既能最大限度地遮挡夏天炎热的阳光，又能够最大限度地使冬天的温暖阳光进入室内。如图 2.31 所示。

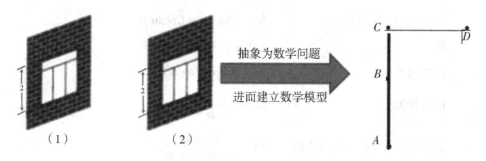

图 2.31　建立数学模型

探究问题 2：如何设计遮阳篷 BCD 以充分接收冬日的暖阳？

探讨问题 3：遮阳篷 BCD 应如何设计以最大限度地阻挡夏日的酷热阳光？

探讨问题 4：遮阳篷 BCD 应如何设计，以在夏日阻挡炎炎烈日的同时，最大限度地让冬日的阳光进入室内？

【教师活动】引导学生将实际问题数学化，分析哪些量是已知的，哪些量是未知的，以及可以进行怎样的假设，建立量与量之间的关系，将复杂的问题简单化，同时将问题转化为数学模型。

【学生活动】听完讲解后，理解"夏天的太阳与地面的夹角 β、冬天的太阳与地面的夹角 α"。联系地理因素与数学问题，建立数学模型，并分享建立数学模型的过程。

【设计意图】引导学生将实际问题转化为数学模型，锻炼抽象思维与知识运用能力，了解数学与生活的联系。

探究活动 2：如何用表达式表达模型？

【教师活动】引导学生建立数学表达式，提出问题：你能用含有 h、α、β 的关系式分别表示 BC、CD 吗？（$AB = h$ cm）如图 2.32 所示。

【学生活动】根据建立的模型，在教师的引导下建立表达式。

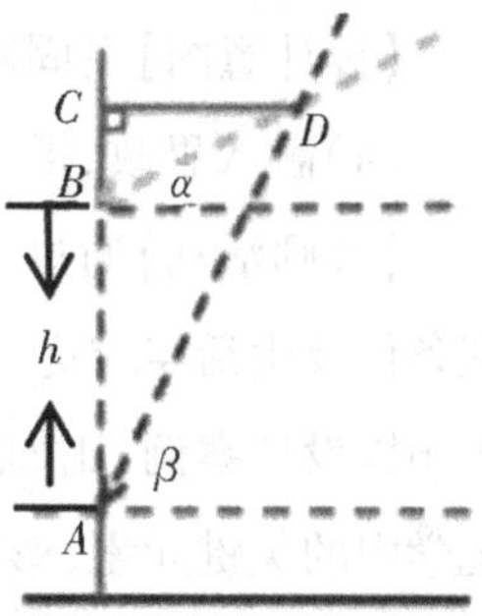

讲解解题过程。在 Rt$\triangle BCD$ 和 Rt$\triangle ACD$ 中，

图 2.32　h、α、β 的关系

$$
\begin{cases}
\tan \beta = \dfrac{h + BC}{CD}; & (1) \\[3mm]
\tan \alpha = \dfrac{BC}{CD}. & (2)
\end{cases}
$$

将(2)式代入(1)式得 $h + CD\tan \alpha = CD\tan \beta.$

移向 $CD\tan \beta - CD\tan \alpha = h.$

合并同类项 $CD(\tan \beta - \tan \alpha) = h.$

化系数为1 $CD = \dfrac{h}{\tan \beta - \tan \alpha}.$

将求解的 CD 代入(2)式得 $BC = \dfrac{h\tan \alpha}{\tan \beta - \tan \alpha}.$

【设计意图】通过构建直角三角形模型,引导学生运用三角函数知识推导 BC、CD 与 h、α、β 的关系式,锻炼其逻辑推理能力与运算能力。

(3)设计制作,深化知识

【教师活动】发布任务。小组合作设计遮阳篷,赋予其独特的名称,绘制数学模型,阐述其背后的数学原理。利用现有材料制作实体模型,并进行展示。要求如下:

1)设计需最大限度地阻挡夏季的强烈阳光;

2)设计需最大限度地允许冬季温暖的阳光进入室内;

3)需从功能、外观、稳定性、审美、成本等角度进行综合评估;

4)提交遮阳篷设计方案(包括设计思路和计算步骤)。

【学生活动】以小组合作的方式按照教师提出的要求设计并展示一种遮阳篷。

【设计意图】巩固新知,锻炼学生的动手能力。

(4)融入思政,提升素养

【教师活动】通过多媒体呈现古代建筑遮阳设施的演变,依据地方气候、地理条件及生活需求优化遮阳篷设计。介绍一些国内外知名建筑中别具一格的遮阳篷设计案例,比如悉尼歌剧院的遮阳篷不仅具备实用功能,而且成为建筑美学中的关键元素,彰显了艺术性与实用性的和谐统一。

【学生活动】分享观看遮阳篷设计案例后的感悟。

【设计意图】通过展示遮阳篷的演变过程和著名案例,让学生了解遮阳篷在人类生活中的重要性及其发展与社会、文化、科技等方面的紧密联系,了解遮阳篷涉及的工程文化和历史文化。动手制作帐篷,让学生明白设计不仅要满足功能需求,而且要考虑到对社会、文化和环境的影响,从而引导学生成为具有人文关怀和社会责任感的设计师。

(5)教学小结

本节课中你有哪些收获与不足?与同伴交流。

【设计意图】学生交流后进行归纳,帮助学生积累解决实际问题的策略、方法及经验。

(6)布置作业

查阅有关资料,以小组为单位为教室窗户设计一个遮阳篷模型,并形成文字和数据说明。

8. 教学效果评估表

(1)学习态度评价(表2.51)

表2.51　学习态度评价

评价内容		自评	互评
学习常规	积极思考,完成课堂实践活动		
	认真听老师讲课,积极回答问题		
	认真听同学发言,主动找出同学与自己的观点的异同之处,发表自己的观点		
合作交流	主动与同学交流,采纳他人好的建议,发表自己的观点		
总分			

(2)知识性评价(表2.52)

表2.52　知识性评价

学习目标	新手	学徒	熟练	出色	完美	自评	师评
能够理解遮阳篷设计中涉及的几何图形计算、三角函数应用等知识及其在设计中的作用原理							

续表 2.52

学习目标	新手	学徒	熟练	出色	完美	自评	师评
能够准确判断遮阳篷设计方案在各学科知识应用方面的合理性,并能详细说明理由							
能够辨别遮阳篷设计中不同学科知识的应用边界和相互关系							
能够根据不同的学科和功能对遮阳篷设计中涉及的知识进行系统分类,并能详细阐述分类依据和各分类之间的联系							

(3)技能性评价(表 2.53)

表 2.53　技能性评价

评价内容	熟练掌握	基本掌握	初步掌握	未掌握	自评	师评
能够熟练使用测量工具						
能够按照工程流程独立完成遮阳篷设计方案						
能够在遮阳篷设计过程中有效解决出现的技术问题						

(4)综合性评价(表 2.54)

表 2.54　综合性评价

评价等级	评价内容	自评	师评
优秀	深刻理解和认识遮阳篷设计的整体流程和各学科知识在其中的应用,能从多学科角度创新性地提出设计思路和解决方案		
良好	对遮阳篷设计的关键环节和主要知识有较深入的理解,能运用所学知识进行合理的设计和分析,如能根据场地和用户需求设计基本符合要求的遮阳篷,并能简单优化设计方案		

续表2.54

评价等级	评价内容	自评	师评
中等	对遮阳篷设计的基本流程和相关知识有一定的了解,但理解不够深入,在设计过程中能完成一些基本任务		
待提高	对遮阳篷设计的流程和知识缺乏系统的了解,在设计任务中存在较多困难,需要进一步增强数学应用意识,培养 STEAM 素养		

9. 总结与反思

通过基于 STEAM 的遮阳篷设计这一教学活动,学生在跨学科知识的综合运用和实践能力方面取得了进步。实践活动加深了学生对锐角三角函数的理解,促使学生在实践中提高问题解决能力,增强创新思维能力。

案例2:哪个城市夏天更热

1. 案例介绍

本案例是北师大版数学八年级上册(六三学制)"综合与实践"中的一个活动。该活动专注于探究"哪个城市夏天更热"这一问题,其目的在于引导学生综合运用地理、数学、物理、信息技术等多个学科的知识,来研究和分析在夏季这一特定季节中不同城市气温的差异及其影响因素。

通过这一探究活动,学生不仅能够紧密联系生活实际,而且能够提升自身的综合素养。这一活动的设计,旨在让学生通过实际操作和思考,深入理解各学科知识之间的内在联系,实现跨学科学习与实践。

从 STEAM 教育理念的角度来看,这一探究活动要求学生在地理学科方面,了解并掌握不同城市的地理位置、纬度、海陆位置、地形地貌等对气候的影响机制。例如,纬度的高低决定一个城市接受太阳辐射的多少,海陆位置的不同会影响该城市的气温年较差和日较差,而地形的起伏则会改变气流的运动和热量的分布。在数学方面,学生需要运用统计与分析知识计算不同城市的平均气温、温差,并绘制气温变化图表,以便更直观地比较和分析不同城市的气温情况。物理知识的运用有助于学生理解热量传递、大气保温作用等原理,从而解释气温变化的原因。信息技术知识的运用则让学生学会利用互联网、地理信息系统等现代工具来获取和处理气候数据,进一步增强信息技术应用能力。

2. 课标要求

(1)通过整理和分析实际问题中的数据,让学生了解数据特征的意义与功能,理解平均数、中位数、众数如何表现数据的集中趋势,理解方差、极值如何表现数据的离散程度。学会利用样本数据特征分析总体数据特征,能够认识到数据分析的必要性,形成和发展数据观念和模型观念。

(2)运用数学与其他相关学科的知识分析问题,经历合作分工、试验调查、建立模型、计算反思、解决问题的过程,提高思维能力,逐步形成用数学思维思考现实世界的核心素养。

3. 学习目标

(1)知识目标:能够综合运用平均数、中位数、众数、极值、方差等统计知识。

(2)能力目标:在小组合作探究中,经历数据收集、处理、分析的全过程,进一步发展数据分析观念,提高运用统计知识解决实际问题的能力。

(3)素养目标:提升数学逻辑思维和科学探究素养,以严谨的态度探索气温变化的规律,培养科学精神和实践能力。学会用数学的眼光观察现实世界,用数学的思维思考现实世界,用数学的语言表达现实世界。

(4)STEAM 素养目标:深度融合地理、数学、物理、信息技术等学科知识,形成跨学科思维模式和解决问题的方法。学会从多学科视角分析复杂的气候问题,在实践过程中不断提高综合运用知识的能力和创新实践能力,培养团队协作精神和沟通交流能力,适应未来社会对复合型人才的需求。

4. 教学重点与难点

(1)教学重点:综合运用平均数、方差、极差分析实际问题。

(2)教学难点:从多学科视角理解影响城市气温的复杂因素,并建立合适的数学模型。

5. 跨学科知识点分布

本案例中的跨学科知识点分布,如表 2.55 所示。

表 2.55　本案例中的跨学科知识点

学科	知识点分布
数学	平均数、中位数、众数、方差等统计学知识的综合运用

续表2.55

学科	知识点分布
地理	纬度位置对太阳辐射和气温的影响,海陆位置对气温的影响,地形地貌对气温的影响
物理	热传递原理,热量在大气、地面、物体之间的传递过程及其对气温的影响,不同物质(如海洋、陆地)的比热容对气温变化的影响
信息技术	运用互联网搜索引擎、专业气象数据库等获取准确的气温数据,对收集到的数据进行整理、计算和绘图,提高数据处理效率和准确性

6. 条件准备

【所需物品】不同城市的地图、地形地貌图,供学生了解城市地理位置;气象学相关的科普资料,供学生查阅。

【场地准备】安排计算机教室供学生收集和处理数据,确保网络畅通,计算机安装了数据处理软件(如 Excel);选择一间宽敞的教室作为小组讨论和成果展示场地,配备投影仪、展示板、桌椅等,方便学生交流和展示。

【资料准备】整理各城市多年的气温数据,包括日平均气温、月平均气温、最高气温、最低气温等,按城市和季节分类整理,作为学生可用的基础数据。收集与气候相关的科普视频、动画,内容涵盖地理因素对气候的影响、物理原理在气温变化中的作用等,帮助学生理解跨学科知识。准备一些关于数据统计与分析方法的教学资料,如教程文档、示例图表等,供学生学习和参考。

7. 教学过程

(1)创设情境,激发兴趣

【教师活动】展示不同城市的人们在高温下生活的场景,如图 2.33 所示,使学生关注不同城市气温的差异,同时分享对不同城市夏(冬)天的印象和感受,激发学生的探究兴趣。

图 2.33　生活场景

【学生活动】观看微视频并思考。

【设计意图】激发学生对气温差异和数据处理的兴趣,感受数据分析的魅力,激发学生探究的兴趣。

(2)提出问题,融合学科

【教师活动】出示课前任务单上的三个问题:

探究问题 1:影响人体冷热感觉的因素有哪些?

探究问题 2:影响城市气温的因素有哪些?

请学生结合收集的资料,以小组为单位分析和讨论问题 1 和问题 2,并阐述看法。

【学生活动】结合资料,思考地理、物理因素如何影响城市气温,小组讨论并分享观点。

【教师活动】引导学生运用地理、物理知识进行分析。如:在地理方面,通过动画展示地球公转、太阳直射点的移动与不同纬度地区太阳辐射量的关系,讲解海陆热力性质差异、地形对气流和气温的影响;在物理方面,解释热传递、比热容等原理在气温变化中的作用,如陆地比热容小,升温快,降温也快,所以内陆城市气温年较差大。

【设计意图】以城市气温数据为切入点,融合统计、地理、物理知识,培养学生的跨学科思维,提高数据处理能力与综合分析能力。

(3)结合数学,运用知识

【教师活动】引导学生结合本章所学内容,思考如何利用平均数、中位数、众数、方差等数据来分析、描述和比较两个及两个以上的事物。

探究问题 3:为了解哪个城市更冷(热),应如何制定衡量标准?

【学生活动】思考如何制定比较城市冷(热)的标准,衡量平均数、中位数、众数、方差的侧重点,小组讨论并分享观点。

【设计意图】借问题引导学生回顾知识,结合统计学知识,培养学生的跨学科思维,提高学生的数据分析与处理能力以及小组合作能力、语言表达能力和批判性思维能力。

(4)团队探究,展示方案

【教师活动】根据学生收集的武汉、长沙的气温数据(如表2.56所示),结合刚刚的讨论结果,选择平均数、中位数、众数、方差中的一个作为衡量标准,综合分析数据。

表2.56　长沙、武汉的气温数据

数据	城市	
	长沙	武汉
最高气温的平均数	36	34.8
最低气温的平均数	28	26.8
平均气温的平均数	32	30.8
平均气温的极差	8	8
平均气温的中位数	32	31.5
平均气温的众数	32.5	31.5
平均气温的方差	0.85	1.38

【学生活动】小组合作,完成探究,并进行汇报。

【设计意图】通过探究活动,让学生将所学的统计学知识运用到生活中,真正意识到数学来源于生活,应用于生活。

(5)课堂小结,学有所得

从知识运用、素养提升、跨学科融合三个方面进行总结。

(6)布置作业,拓展实践

比较南昌和长沙哪个城市冬天更冷,以小组为单位,制定恰当的比较标准,收集、处理并分析相关数据,全班交流。

【设计意图】在活动过程中,让学生对比数据,分析当地的饮食习惯,解释湖南人偏爱辣椒的原因——辣椒具有防寒除湿的作用。加之湖南气候湿润且闷热,这间接表明长沙的温度更高。

8.教学效果评估表

(1)学习态度评价(表2.57)

表 2.57　学习态度评价

评价内容		自评	互评
学习常规	积极思考,完成课堂实践活动		
	认真听老师讲课,积极回答问题		
	认真听同学发言,主动找出同学与自己的观点的异同之处,发表自己的观点		
合作交流	主动与同学交流,采纳他人好的建议,发表自己的观点		
总分			

（2）知识性评价（表 2.58）

表 2.58　知识性评价

学习目标	新手	学徒	熟练	出色	完美	自评	师评
能够理解影响城市气温的地理、物理因素及其作用原理							
能够准确运用数学统计方法分析气温数据,并解释分析结果							
能够辨别不同学科知识在研究城市气温差异中的应用边界和相互关系							
能够根据不同的学科和功能对研究过程中涉及的知识进行系统的分类,并能详细阐述分类的依据和各分类之间的联系							

（3）技能性评价（表 2.59）

表 2.59　技能性评价

评价内容	熟练掌握	基本掌握	初步掌握	未掌握	自评	师评
能够熟练运用信息技术手段收集和处理气温数据						

续表 2.59

评价内容	熟练掌握	基本掌握	初步掌握	未掌握	自评	师评
能够按照科学研究流程独立完成城市气温差异的分析报告						
能够在研究过程中有效解决出现的学科知识融合问题						

（4）综合性评价（表 2.60）

表 2.60　综合性评价

评价等级	评价内容	自评	师评
优秀	深入了解研究城市气温差异的整体流程和各学科知识的应用,能从多学科角度创新性地提出研究思路和解决方案,研究成果具有较强的科学性和实用性		
良好	对研究的关键环节和主要知识有较深入的了解,能运用所学知识进行合理的研究和分析,如能准确分析城市地理位置对城市气温的影响,通过数据得出合理的结论,能对研究结果进行一定的拓展思考		
中等	对研究的基本流程和相关知识有一定的了解,但理解不够深入。研究过程中能完成一些基本任务,如收集数据、简单地统计和分析数据,但在多学科知识融合和研究结论的深度上有所欠缺		
待提高	对研究的流程和知识不够了解,在研究过程中存在较多的困难,需要进一步加强多学科知识的学习和应用能力的培养		

9. 总结与反思

本次教学活动将 STEAM 教育理念融入"哪个城市夏天更热"这一案例中,以层层设问的形式,通过问题探究、小组合作的形式,让学生在做中学、在学中做,增强了学生对统计学知识的理解和应用能力,培养了学生的数学核心素养。

参考文献

[1]李保臻,陈国益,张黎娜.我国传统数学文化融入高中数学教科书:现实样态与教学启示:以 2019 年人教 A 版高中数学教科书为例[J].内蒙古师范大学学报(教育科学版),2022,35(1):102 - 108.

[2]郭华佳.中华传统数学文化融入初中"数与代数"教学研究[D].重庆:重庆师范大学,2023.

[3]王伟燕,邢成云.数形互助　系统结构　思想融通:以人教版 7 年级第六章"实数"小结课为例[J].中学数学杂志,2024(10):34 - 38.

[4]黄贤明.基于数学理解性学习的教学实践与思考:以"有理数与无理数"一课为例[J].中国数学教育,2024(19):31 - 35.

[5]唐双利.基于实践活动开展的"无理数"教学研究与思考[J].数学教学通讯,2024(29):27 - 29,38.

[6]田淼,韩祥临.APOS 理论视角下数学史融入数学教学的教学设计:以"配方法解一元二次方程"为例[J].科学咨询,2024(14):63 - 67.

[7]中华人民共和国教育部.义务教育数学课程标准:2022 年版[M].北京:北京师范大学出版社,2022.

[8]许国平.深度学习导向下的初中数学大单元教学:"勾股定理"单元教学设计[J].新课程,2024(14):123 - 126.

[9]佚名.STEAM 理念在《勾股定理》教学中的应用[EB/OL].https://wenku.so.com/d/ed599afb823ca772c3941c4cb828521b? src = ob_zz_juhe360wenku

[10]邢延平.基于 STEAM 教育理念初中数学图形与几何教学研究[D].洛阳:洛阳师范学院,2022.

[11]罗洪信.《勾股定理的证明》教学设计[J].广西教育,2010(11):62 - 63.

[12]吴秋菊,刘生贵.STEM 教育理念下初中数学教学设计:以"相似三角形应用:为学校旗杆量身高"为例[J].数学教学研究,2022,41(5):26 - 30.

[13]潘乾凤.基于"新课标 + 双减"背景下初中数学大单元教学设计研究:以"平面直角坐标系"为例[D].重庆:西南大学,2023.

[14]吴鑫.STEAM 教育理念下初中"统计与概率"教学设计研究[D].重庆:重庆师范大学,2023.

[15]曹露乙.STEAM 教育理念下初中数学"综合与实践"领域教学策略研究[D].佛山:佛山科学技术学院,2022.

[16]人民教育出版社课程教材研究所中学数学课程教材研究开发中心.义务教育教科

书数学:八年级[M].北京:人民教育出版社,2013.

[17]人民教育出版社课程教材研究所中学数学课程教材研究开发中心.义务教育教科书数学:九年级[M].北京:人民教育出版社,2014.

[18]人民教育出版社课程教材研究所中学数学课程教材研究开发中心.义务教育教科书数学:七年级[M].北京:人民教育出版社,2012.

第三章 STEAM 与初中数学专题教学案例

STEAM 教育理念打破了学科壁垒,为培育学生综合素养与创新能力开辟了新的路径,实现科学、技术、工程、艺术与数学的深度融合。本章聚焦于基于 STEAM 的初中数学专题教学,精心遴选五类别具特色的教学案例,并对其展开深度剖析与探讨。其中:数学文化(含数学史)教学,能引领学生打开数学历史的大门,领略数学这门学科的深厚文化底蕴,了解其发展脉络;项目式学习,强调以学生为主体,鼓励学生自主探究,通过实践操作,培养解决实际问题的能力;跨学科教学,搭建起数学与其他学科知识之间的桥梁,促进知识的关联运用,让学生体会到知识的整体性与互通性;拓展课教学,则像一扇通往广阔知识天地的窗户,拓宽学生的视野,激发学生对数学的兴趣与探索欲望;应用题教学,着重引导学生将数学知识运用到实际生活场景,切实提高学生运用数学知识解决实际问题的能力。这些案例从不同的侧面展现了 STEAM 与初中数学教学融合的魅力与成效,为广大教育工作者提供了极具价值的参考。

3.1 基于 STEAM 的初中数学文化教学案例

数学是研究数量关系和空间形式的科学。数学不仅是运算和推理的工具,而且是表达和交流的工具。数学承载着思想和文化,是人类文明的重要组成部分[1]。数学文化内涵丰富,不仅指数学的思想、精神、语言、方法、观点,以及他们的形成和发展,而且包括数学在人类生活、科学技术、社会发展中的贡献和意义,以及与数学相关的人文活动。数学文化是连接抽象的数学知识与学生生活实际的桥梁,能让枯燥的公式、定理鲜活起来。例如,在讲解勾股定理时,引入古代的多种证明方法,使学生认识到数学知识的多元文化背景,不再将定理视为孤立的公式。从学科德育层面来看,数学文化亦能激发学生学习的兴趣与动力,如欧拉(Euler)失明后仍坚持数学研究的故事,可以激励学生克服困难。

基于数学文化创设跨学科情境,将数学与艺术、技术、工程、科学融合,让学生在文化情境中感受数学的广泛应用,实现 STEAM 理念下的多学科融合教学,使数学文化在初中数学课堂中焕发生机与活力,促进学生全面发展。本研究选取了"正数与负数"和"黄金分割数"两个典型课例,探索基于 STEAM 和核心素养的初中数学混合式教学,为今后的 STEAM 教学提供一些参考。

案例 1:正数和负数

1. 案例介绍

本案例是人教版数学七年级上册第 1 章《有理数》第 1 节"正数和负数"的教学内容,处于"数与代数"领域的起始位置。它打破了小学阶段仅用正数描述数量的局限,引入负数的概念,构建起完整的有理数体系,标志着学生对数的认知从算术数拓展至有理数的范畴,为解决现实中的复杂数量关系问题提供基础工具,也为后续学习有理数运算、数轴、绝对值等知识提供支撑。本案例借助正数与负数对具有相反意义的量的精准刻画,让学生初步领略数学抽象与模型构建的思维范式,为后续的数学学习打好基础。

本节课是概念课,学生对负数意义的理解是教学的基本目标,采用生活中的温度、海拔、收支等丰富多样的相反意义的量完成学生认知结构的调整。数的产生和早期发展、数学史话等教学环节的设计,有助于学生从历史唯物主义的观点看待数学,增强文化自信。将建筑楼层标高、绘画色彩明暗度、音乐节拍的强弱等正负数在生活中的实际应用作为现实情境,有助于学生科学素养、工程素养、艺术素养、数学素养的综合提升。

2. 课标要求

(1)理解负数的意义,会用正数和负数表示具体情境中具有相反意义的量。

(2)感受数学知识之间、数学与其他学科之间、数学与生活之间的联系,在探索真实情境所蕴含的关系时,发现问题、提出问题,运用数学和其他学科的知识和方法分析问题和解决问题。

3. 学习目标

(1)知识目标:掌握正数、负数的定义,理解其符号表示规则及 0 的特殊意义。

(2)能力目标:能够从复杂的实际情境中提炼出简洁的数学模型,发展数学抽象能力和推理能力。

(3)素养目标：认识到数学来源于生活、应用于生活，数学的早期发展由生产力的发展需求所推动。树立唯物主义观点，增强文化自信和民族认同感。

(4)STEAM 素养目标：主动探寻各领域的正数和负数的应用实例，深刻体会数学与科学、技术、工程、艺术等学科的深度交叉融合，切实提升跨学科综合素养与知识迁移能力，拓宽思维和视野。

4.教学重点与难点

(1)教学重点：理解正数、负数的概念及 0 的特殊意义。

(2)教学难点：准确区分具有相反意义的量，并准确无误地用正数或负数表示。

5.跨学科知识点分布

本案例中的跨学科知识点分布，如表 3.1 所示。

表3.1　本案例中的跨学科知识点分布

学科	知识点分布
数学	负数的定义,有理数的概念
技术	温度计的制作原理
工程	建筑工程中海拔、楼层标高的表示
艺术	绘画色彩的明度、纯度变化,音乐节拍的强弱、节奏快慢的变化
科学	地形图的绘制原理

6.条件准备

【所需物品】多媒体教学设备。

【知识准备】复习自然数、整数、小数和分数等知识,熟悉基本的运算和数量表示方法。

7.教学过程

(1)梳理史料,追溯历史

【教师活动】展示"数的产生和发展"图片,引导学生回顾小学相关知识。如图 3.1 所示。

在我国古代,由记数、排序,产生数1、2、3、…

在古印度,由表示"没有""空位",产生数0

在古埃及,由分物、测量,产生分数$\frac{1}{2}$、$\frac{1}{3}$、…

图 3.1　数的产生与发展

【学生活动】唤醒记忆,回顾自然数、小数和分数的定义。

【设计意图】通过展示图片回顾数的发展历程,让学生调动已有的知识经验,为新知识的引入做铺垫,同时让学生知道数学是在生产和生活需求的推动下不断发展的。

(2)情境导入,生活启智

【教师活动】

情境1:播放一段涵盖多城市气温变化、地理海拔差异以及经济收支情况的视频。

情境2:展示一幅详细的地理地形图,呈现一份完整的手机收支账单,提问:"同学们,我们看到了5 ℃、-3 ℃、4600 米、-100 米、+15 元、-10 元这样的数,谁能说一说它们分别表示什么意思呢?为什么要用这样的形式来表示这些量呢?"

【学生活动】小组交流讨论,分享自己对这些数的初步理解和直观感受。

【设计意图】从学生熟悉且贴近生活的气温、海拔和收支账单等场景引入正数和负数,使学生切实感受到数学与生活的紧密联系,用数学的眼光观察现实世界。通过对不同情境下的正负数的观察和分析,引导学生初步认识正数和负数表示相反意义的量,为后续深入学习奠定基础。

(3)探究概念,抽象定数

【教师活动】

环节1:根据学生的回答,进行系统总结和深入归纳。在黑板上清晰地写下正数、负数的定义。特别强调 0 既不是正数,也不是负数,而是正数和负数的关键分界点。

环节 2：给出一系列丰富多样的数，包括整数（如 7、−9）、小数（如 4.2、−1.8）、分数（如 3/5、−2/3）以及含有特殊符号的数（如 +6、−0.5）等，让学生独立判断哪些是正数，哪些是负数，并要求学生详细说明判断的依据和思路。在学生回答过程中，及时给予反馈和指导，纠正可能出现的错误理解。

【学生活动】积极主动地练习判断数的正负性，通过反复练习不断巩固对概念的准确理解。

【设计意图】帮助学生深入理解正数和负数的定义、本质特征和区别，提高学生的推理能力。

(4) 拓展应用，实践强能

【教师活动】

探究问题 1：某工厂本月产量比上月增长 12%，可以记作 +12%，那么如果产量下降 8%，该如何表示呢？若产量与上月持平，又该怎么记？

探究问题 2：在一次足球比赛中，球队主场进球 4 个记作 +4，客场失球 3 个记作什么？如果球队最终净胜球为 −1，这表示什么？

探究问题 3：如果水库水位上升 1.8 米记作 +1.8 米，那么下降 1.2 米记作什么？水位先上升 0.5 米，再下降 0.7 米，此时水位变化应如何表示？

【学生活动】认真分析问题，结合所学正负数知识进行深入的思考和推理。

【设计意图】通过丰富多样且具有挑战性的实际问题，让学生在具体情境中运用正负数表示相反意义的量来解决问题，进一步加深对概念的理解和掌握程度，切实提高学生解决实际问题的能力。引导学生在解决问题的过程中分析数量关系、确定正负方向、进行运算推理，有效培养学生的运算能力和推理能力。

(5) 跨科融合，学科互联

【教师活动】

环节 1：介绍楼层标高的表示方法：地面以上的楼层用正数表示，地面以下的楼层用负数表示，如地下停车场在 −2 层。

环节 2：介绍绘画明暗和纯度的表示方法：画面中色彩的明度和纯度变化可以用正负数表示，明度增加为正，明度减小为负。

【学生活动】思考正负数在不同学科中的作用和意义。

【设计意图】通过展示正数和负数在科学、工程、艺术等学科的应用实例，引导学生从不同学科的视角观察和理解正负数的应用,培养学生的跨学科思维和综合素养。

(6)数学史话,文化传承

【教师活动】

环节 1:讲述中国古代数学中正数和负数的发展历史。我国是最早认识和使用负数的国家之一,早在东汉早期《九章算术》中就提出了正数、负数的概念及其加减运算法则,如在"方程"章中用"正与负"表示"卖出与买入",将卖出家畜获得的钱数记为正,买入家畜付出的钱数记为负。魏晋时期数学家刘徽用不同颜色的算筹分别表示正数和负数,红色为正,黑色为负。如图 3.2 所示。

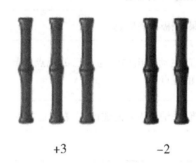

+3 　　　　　　　 −2

图 3.2　算筹

环节 2:组织学生讨论古代和现代正负数表示方法的异同,引导学生思考数学知识的传承与发展,鼓励学生发表自己的见解。

【学生活动】聆听数学史故事,观察古籍图片或阅读文献资料,了解古代数学中正数和负数的起源和应用。

【设计意图】通过融入数学史,丰富教学内容,让学生全面了解数学知识的发展脉络和文化底蕴,深切体会古人的智慧和创新精神,激发学生学习数学的内在动力和文化自信。在讨论古代与现代正负数表示方法的异同过程中,培养学生的批判性思维和历史唯物主义观点,让学生认识到数学是不断发展进步的学科,增强学生对数学文化的传承意识,使学生在学习数学知识的同时,受到数学文化的熏陶。

(7)回顾总结,升华认识

从知识技能、思想方法、情感态度三个方面进行总结。

(8)分层作业,巩固发展

基础作业:完成课后练习题。

探究作业:日常生活中,你在哪些地方见到了负数,请搜集、记录下来,并思考每一处使用负数的作用,能使用其他方式替代吗? 下节课分享讨论。

8.教学效果评估表

(1)学习态度评价(表3.2)

表3.2　学习态度评价

评价内容		自评	互评
学习常规	积极思考,完成课堂实践活动		
	认真听老师讲课,积极回答问题		
	认真听同学发言,主动找出同学与自己的观点的异同之处,发表自己的观点		
合作交流	主动与同学交流,采纳他人好的建议,发表自己的观点		
总分			

(2)知识性评价(表3.3)

表3.3　知识性评价

学习目标	新手	学徒	熟练	出色	完美	自评	师评
能准确说出正数、负数的定义及 0 的特殊性							
能快速准确地判断给定的数的正负性							
能正确使用正负数表示实际情境中的相反意义的量							

(3)技能性评价(表3.4)

表3.4 技能性评价

评价内容	熟练掌握	基本掌握	初步掌握	未掌握	自评	师评
能独立分析复杂的实际问题并用正负数准确表示其中的数量关系						
能在不同学科情境的示例中正确识别和运用正负数的概念						

（4）综合性评价（表3.5）

表3.5 综合性评价

评价等级	评价内容	自评	师评
优秀	深刻理解正数和负数的概念，能灵活运用知识解决各类实际问题和跨学科问题，在课堂互动、小组合作中表现突出，具有较强的创新思维能力和较高的综合素养，能主动联系生活和其他学科知识进行拓展思考		
良好	理解正数和负数的概念，能顺利完成课堂练习和小组任务，在实际应用和跨学科应用方面表现较好，具备一定的分析问题和解决问题的能力，学习态度积极		
中等	基本掌握正数和负数的概念和表示方法，参加课堂活动较积极，但在解决复杂问题和跨学科应用时存在困难，需要进一步加深理解和加强练习，学习态度有待改进		
待提高	对正数和负数理解不足，在判断和应用方面错误较多，课堂活动参与度低，难以完成小组任务，缺乏运用知识解决实际问题的能力，需重点辅导和加强学习		

9. 总结与反思

本案例中有关正数与负数的教学方案充分融合了数学文化与 STEAM 理念，旨在为学生提供良好的学习体验。从知识体系构建的角度看，本案例紧密围绕教材核心，循序渐进地引导学生从生活实例理解"负数"这一抽象概念及其产生的必要性，再回归实际应用，确保知识传授的逻辑性与连贯性。在跨学科融合方面，本案例精心挑选各学科领域的实例，打破学科壁垒，使学生能够感受到数学与生活的联系，拓宽思维边界，培养综合运用能力。

案例 2：黄金分割数

1.案例介绍

本案例选自人教版数学九年级上册（六三学制）第 21 章《一元二次方程》第 2 节中的"阅读与思考"部分。此前学生已经学习了一元二次方程的解法等基础内容，"黄金分割数"的引入让学生看到了一元二次方程在美学、建筑等领域的具体应用。"黄金分割数"完全符合课程标准强调数学与生活的联系这一要求，将数学知识与生活实际紧密联系在一起，并巧妙地在生活场景中渗透丰富的数学文化内容[2]。

在现实生活中，无论是绘画作品的精妙构图、雕塑艺术的完美造型，还是建筑设计的独特比例，黄金分割数都发挥着重要的美学指导作用。学生在深入探究这些现象的过程中，不仅能够熟练运用数学知识解读生活中的美学奥秘，深刻领悟数学在艺术与文化传承发展进程中的重要地位，进而提升自身的审美感知能力，加深数学文化底蕴，而且在构建方程模型求解黄金分割比例的实践操作中，能够切实锻炼逻辑推理能力与数学运算技能，逐步培养从现实情境中抽象出数学模型并高效求解的能力，为后续的数学学习及跨学科探索筑牢坚实的思维根基，提供丰富且实用的方法借鉴[3]。

2.课标要求

(1)能根据具体问题列出方程。能根据一元二次方程的特征，选择配方法、公式法、因式分解法解数字系数的一元二次方程。建立模型观念。

(2)感受数学知识之间、数学与其他学科之间、数学与生活之间的联系，在探索真实情境所蕴含的关系时，发现问题和提出问题，运用数学和其他学科的知识与方法分析问题和解决问题。

(3)注重情境素材的育人功能，如体现中国数学家贡献的素材，帮助学生了解和领悟中华民族独特的数学智慧，增强文化自信和民族自豪感。

3.学习目标

(1)知识目标：掌握黄金分割数的概念，运用一元二次方程的知识求出黄金分割数。深入理解黄金分割的比例关系，并能在具体情境中识别和应用。

(2)能力目标：分析人体雕像、线段分割等实际问题，提升建立数学模型解决实际问题的能力。在探索黄金分割数在不同学科应用的过程中,培养观察、比较、分析和归纳能力,以及跨学科思考和解决问题的能力。

(3)素养目标:感受数学的美学价值,培养对数学的审美情趣。通过了解黄金分割数在各领域的应用,感受数学的应用价值,增强数学应用意识和创新意识。

(4)STEAM素养目标:了解黄金分割数在建筑工程中的应用,体会其在艺术创作中的美学意义,探索其在自然科学中的应用,全面提升STEAM素养。

4. 教学重点与难点

(1)教学重点:理解黄金分割的概念,通过一元二次方程求解黄金分割数的方法。

(2)教学难点:从实际问题中抽象出数学模型,理解和应用黄金分割的比例关系解决复杂问题。

5. 跨学科知识点分布

本案例中的跨学科知识点分布,如表3.6所示。

表3.6　本案例中的跨学科知识点分布

学科	知识点分布
数学	一元二次方程的建立与求解
技术	PPT制作,利用绘图软件绘制符合黄金分割比例的图形
工程	黄金分割在建筑设计中的应用
艺术	黄金分割在绘画构图、雕塑造型中的应用
科学	黄金分割在植物生长规律、动物身体结构比例中的体现

6. 条件准备

【所需物品】多媒体教学设备、绘图工具、A4纸。

【知识准备】复习一元二次方程的构造与解法。

7. 教学过程

(1)情境导入,激发兴趣

【教师活动】借助多媒体展示古希腊帕特农神庙、达·芬奇的《蒙娜丽莎》、埃菲尔铁塔等富含黄金分割元素的图片,如图3.3所示。

提问:"在这些闻名遐迩的建筑与艺术作品中,大家能否察觉到它们在比例上的独特之处？为何这些作品会给人带来和谐、美妙的感受？"引出本节课的主题——探索黄金分割数。

图 3.3　含黄金分割元素的图

【学生活动】积极思考教师所提问题，分享对图片比例的直观感受。

【设计意图】创设生动有趣的问题情境，激发学生的好奇心与探究欲，让学生直观感受黄金分割在绘画和建筑领域的美学价值。引导学生用数学的眼光观察现实世界，使学生能从现实情境中抽象出数学问题。

（2）探究数学，明确概念

环节 1：求解具体问题。

【教师活动】提问："设计人体雕像时，若使雕像上部（腰以上）与下部（腰以下）的高度比等于下部与全身的高度比，可增强视觉美感。若雕像高 2 m，下部应设计多高？"如图 3.4 所示。引导学生设雕像下部高为 x m，依据题目中的比例关系列出方程 $x^2 = 2(2-x)$，整理得到 $x^2 + 2x - 4 = 0$。

【学生活动】分析题目中的数量关系，列出方程并运用公式法求解，计算出 $x = \sqrt{5} - 1 \approx 1.236$。

环节 2：黄金分割数的定义。

图 3.4　校园中的红军雕塑

【教师活动】人体雕像问题一般化，在线段 AB 上找一点 C，使 $AC : CB = CB : AB$。设 $AB = 1$，$CB = x$，则 $AC = 1 - x$，代入比例关系得到 $x^2 + x - 1 = 0$，解方程求出 $x = \dfrac{-1 \pm \sqrt{5}}{2}$，取正值 $x = \dfrac{\sqrt{5} - 1}{2} \approx 0.618$，即黄

金分割数。给出黄金分割数的定义。

【学生活动】听教师的讲解和引导,积极参与到线段 AB 上点 C 的位置关系的分析,跟随教师的思路,计算并理解黄金分割数。

【设计意图】选取校园中的红军雕塑作为研究对象,无形中进行爱国主义教育。通过将人体雕像问题一般化并求解,培养学生的抽象能力和推理能力,让学生学会从具体问题中抽象出数学模型,并进一步巩固一元二次方程的求解技能。

(3)精讲例题,巩固新知

例题1:国旗和国徽上的五角星是革命和光明的象征,是一个非常优美的几何图形,与黄金分割有着密切的联系。如图3.5所示,M、N 是线段 BE 的黄金分割点,可证明 $\dfrac{MB}{BE}=\dfrac{NE}{BE}=\dfrac{\sqrt{5}-1}{2}$。请你猜猜哪些线段之比也是黄金分割数,为什么?

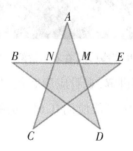

图3.5　五角星

例题2:融融陪同父母选购木地板,她感觉某品牌的木地板拼接图比较美观,通过手绘、测量、计算发现点 E 是 AD 的黄金分割点。延长 HF 与 AD 相交于点 G,则 $EG\approx$ _____ DE(精确到0.001),如图3.6所示。

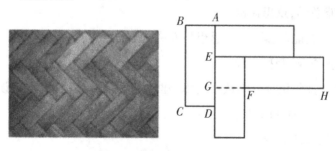

图3.6　木地板实物及手绘图

【设计意图】选择五角星作为研究对象,发挥情境素材的育人功能。

(4)前沿介绍,开阔视野

【教师活动】介绍华罗庚优选法中的 0.618 法,展示 0.618 法在工业生产、农业种植、科学实验等领域的应用案例,讲述华罗庚不辞辛苦地带着优选法深入工厂、农村,亲自推广应用,为我国的经济建设做出了巨大贡献。如图 3.7 所示。

图 3.7　华罗庚(左)在农村讲解推广优选法

【学生活动】认真听教师讲解,观看应用案例,积极思考 0.618 法的原理和应用场景。分组讨论在生活中可能应用 0.618 法的情况,如安排学习时间、制定运动计划等,并分享想法。

【设计意图】介绍学科前沿的优选法,拓宽学生的视野,培养学生的创新意识和应用能力。通过讲述华罗庚的贡献,进行爱国主义教育和文化自信教育,激发学生对数学的探索热情和应用意识,让学生体会到数学不仅是讲解理论知识的学科,更是解决实际问题、推动社会进步的有力工具。

(5)课堂总结,反思评价

从知识与技能、问题解决、思想与方法三个方面进行总结。

(6)布置作业,跨科实践

小组合作搜集黄金分割数在艺术、建筑、生物学(动物、植物)、设计等领域的运用实例,制作成 PPT 在班上汇报。

8.教学效果评估表

(1)学习态度评价(表 3.7)

表 3.7　学习态度评价

评价内容		自评	互评
学习常规	积极思考,完成课堂实践活动		
	认真听老师讲课,积极回答问题		
	认真听同学发言,主动找出同学与自己的观点的异同之处,发表自己的观点		
合作交流	主动与同学交流,采纳他人好的建议,发表自己的观点		
总分			

（2）知识性评价（表3.8）

表 3.8　知识性评价

学习目标	新手	学徒	熟练	出色	完美	自评	师评
能够识别黄金分割数在数学情境中的应用情形							
能够理解黄金分割数的概念及求解方法							

（3）技能性评价（表3.9）

表 3.9　技能性评价

评价内容	熟练掌握	基本掌握	初步掌握	未掌握	自评	师评
能够根据具体问题情境,列出一元二次方程						
能够运用一元二次方程求解黄金分割问题						

（4）综合性评价（表3.10）

表 3.10　综合性评价

评价等级	评价内容	自评	师评
优秀	深刻理解黄金分割数,积极参与各环节,创新实践能力强,团队协作能力出色,综合素养高		

续表 3.10

评价等级	评价内容	自评	师评
良好	对黄金分割数理解较深入,愿意参加活动,有一定的实践能力和协作能力,综合素养较高,能理解优选法的原理		
中等	基本理解黄金分割数,活动参与度一般,实践能力和协作能力有待提高,综合素养一般		
待提高	对黄金分割数理解不足,活动参与不积极,实践能力和协作能力差,综合素养需提升		

9. 总结与反思

本次教学活动将 STEAM 理念融入黄金分割数的教学中,通过丰富的情境和实践活动,让学生深入理解了黄金分割数的概念及其在多学科中的应用,有效提升了学生的综合素养。

3.2 基于 STEAM 的初中数学项目式学习教学案例

在教育日新月异的今天,培养学生的综合素质与创新能力已成为教育领域亟待解决的核心问题。STEAM 教育理念具有跨学科融合、强调实践探究的特点,为初中数学教学注入了新的活力。项目式学习是一种行之有效的教学方式,与 STEAM 教育理念相辅相成,能够为学生搭建起一座连接知识与实践的桥梁。

初中数学课程内容丰富多样,其中"统计调查"与"平面图形的镶嵌"在学生数学素养的培养中扮演着重要角色。"统计调查"是学生认识数据、处理数据并依据数据做决策的重要途径,能够让学生学会用数据说话,培养数据分析观念。"平面图形的镶嵌"则将数学知识与生活实际、艺术设计紧密相连,通过探索图形的拼接规律,培养学生的空间观念和逻辑思维能力。

基于 STEAM 的项目式学习,打破了学科界限,将数学与科学、技术、工程、艺术有机结合。本节精心设计的这两个教学案例,将 STEAM 教育理念深度融入初中数学项目式学习中,借助真实的项目情境,让学生在实践中体验数学学习,通过跨学科探索了解数学的广泛应用,培养学生的创新思维、团队协作能力及问题解决能力。希望这些案例能为广大教育工作者提供有益的参考,推动初中数学教学的创新发展,让学生在充满趣味与挑战的项目式学习中,感受数学的魅力,提升综合素养。

案例1:平面图形的镶嵌

1.案例介绍

"平面图形的镶嵌"是人教版数学八年级上册(六三学制)第11章的教学活动1,以生活中常见的地面瓷砖铺设、墙面装饰等场景为切入点,引导学生深入探究多边形镶嵌平面的条件与规律,培养学生的空间观念、逻辑推理能力与创新实践能力。本节教学活动基于三角形的基本概念及性质、多边形的内角和与外角和的公式以及正多边形的性质,把多边形的内角和公式应用到实际生活中,生动地诠释了"数学源于生活,又运用于生活"这一理念。

学生通过七年级的角度及分类的学习,已掌握不同角度的角的归类,通过八年级三角形章节内容的学习,掌握了三角形的相关知识。多边形的"平面镶嵌"问题正是利用多边形边与角的关系得以解决的数学问题。因此,三角形内容的学习为活动的开展奠定了知识基础[4]。

本案例将项目式教学理念与 STEAM 教育理念融入教材内容,将数学知识与工程、技术、艺术等学科知识相结合设计项目活动,让学生通过项目活动探究与学习,感受数学与生活及其他学科的紧密联系,深入理解图形性质,感受数学在生活中的广泛应用,提升学生的综合素养与跨学科思维能力。

2.课标要求

(1)通过探索平面图形的镶嵌,知道任意一个三角形、四边形或正六边形可以镶嵌平面,并能运用这几种图形进行简单的镶嵌设计。

(2)通过探索多边形镶嵌条件的过程,培养学生的合情推理能力,并增强其合作交流意识。

(3)让学生体会到数学与现实生活的紧密联系,从而增强数学应用意识,并通过活动培养审美情趣。

3.学习目标

(1)知识目标:理解平面图形镶嵌的概念,掌握正三角形、正方形、正六边形能单独镶嵌平面的原理,了解三角形、四边形能镶嵌平面的条件,知道两种或多种正多边形组合镶嵌平面的规律。

(2)能力目标:能够运用所学知识,选择合适的多边形进行简单的镶嵌设计,提高动手操作能力和空间想象能力;学会分析问题、解决问题,培养逻辑思维能力和创新思维能力。

(3)素养目标:激发学生对数学学习的兴趣,培养学生的团队合作精神和自主探究精神,增强学生数学应用意识,提升学生数学素养。

(4)STEAM 素养目标:通过跨学科项目活动,了解平面图形镶嵌在科学、技术、工程、艺术等领域的应用,提升跨学科综合素养。如在科学领域,理解生物结构中镶嵌原理的应用;在技术方面,掌握利用图形设计软件进行镶嵌图案设计的方法;在工程领域,了解建筑中镶嵌设计的力学原理;在艺术领域,欣赏和创作具有美感的镶嵌艺术作品。

4.教学重点与难点

(1)教学重点:探究正多边形单独镶嵌及组合镶嵌的条件,如正三角形、正方形、正六边形等的内角特点与镶嵌关系。

(2)教学难点:解释复杂多边形组合镶嵌的原理,如不同边数、不同形状的多边形搭配时的角度和边长的匹配关系。

5.跨学科知识点分布

本案例中的跨学科知识点分布,如表 3.11 所示。

表 3.11　本案例中的跨学科知识点

学科	知识点分布
数学	多边形的内角和公式,多边形的性质,平面图形镶嵌的概念、条件和规律,角度的计算与组合
技术	利用计算机软件设计与制作镶嵌图案
工程	蜂窝结构在建筑材料中的应用
艺术	镶嵌艺术作品的欣赏与创作,色彩搭配和图形组合在镶嵌图案中的美学效果
科学	自然界中生物结构(如蜂巢)的镶嵌原理,从科学的角度解释其合理性

6.条件准备

【所需物品】各种颜色、质地的卡纸或厚纸张,用于裁剪多边形;剪刀、直尺、量角器、胶水等工具;多媒体设备,用于展示相关图片、视频和动画,辅助教学;建筑装饰、艺术作品中平面图形镶嵌的实物图片或模型,供学生观察和参考。

【知识准备】学生需预先复习多边形的内角和公式、外角和定理等相关知识;了解一些简单的艺术设计元素和原则,如对称、重复、色彩搭配等;对生活中的地面、墙面铺设等工程现象有一定的观察和认识。

7.教学过程

(1)创设情境,明确项目主题

【教师活动】展示埃舍尔(Escher)的作品《昼与夜》(图3.8)、伊斯兰建筑的精美镶嵌图案及地砖铺设实例(图3.9),引出项目主题:镶嵌设计。

今天,每位同学都是艺术家,就让我们来设计一幅精美的镶嵌作品吧!请大家观察PPT展示的这些图案有何共性? 多边形如何巧妙拼接? 背后蕴含哪些数学秘密?

图3.8　《昼与夜》

图3.9　地砖铺设图片

【学生活动】认真观察展示的图片和视频,积极思考教师提出的问题。在小组内进行简短的讨论,分享自己对图案的初步观察和理解的结果,尝试用自己的语言描述图案中的多边形的组合方式和特点。

【设计意图】通过展示极具视觉吸引力的艺术作品和生活实例,激发学生的学习兴趣和好奇心,使学生迅速聚焦于平面图形的镶嵌这一主题。引导学生从直观的视觉感受过渡到对数学问题的思考上来,自然地引出教学内容,为后续的探究活动奠定良好的基础。

(2)制定计划,明确项目任务

项目任务1:小组协作探索正多边形镶嵌的原理。

项目任务2:小组协作完成并展示"校园四季"花园连廊的地面镶嵌设计作品。

【教师活动】5 人为一组,合理分工,明确各自的任务,并以小组为单位完成项目任务,最后 10 分钟展示与评价小组作品。

【学生活动】明确项目任务,小组分工,制定小组计划。

【设计意图】引导学生明确项目目标和任务,做好项目实践的准备。

(3)小组活动,探索项目任务 1

探究活动 1:正多边形单独镶嵌。

探究问题 1:什么是平面图形镶嵌?

探究问题 2:小组动手尝试用一种正多边形进行镶嵌,看看哪些正多边形能够成功镶嵌成平面图案,在操作过程中思考为什么会出现这样的结果。

【教师活动】总结学生讨论的结果:将形状、大小完全相同的一种或者几种图形,不留缝隙、不重叠地拼接在一起,叫作平面图形的镶嵌,也称为平面图形的密铺。将边长一致的正三角形、正方形、正五边形及正六边形卡纸分发给各个小组。同时,巡视各小组,观察学生的操作情况,适时给予操作技巧上的指导和启发。

【学生活动】分组进行镶嵌实验,探究平面图形镶嵌的条件。

【设计意图】学生通过亲身实践,能够直观地体验和感知不同正多边形的镶嵌特性,从而积累宝贵的实践经验,进一步培养动手操作能力和勇于实践探索的精神。在操作过程中引导学生思考原因,促使学生主动运用数学知识分析问题,培养学生的逻辑思维能力。

探究活动 2:正多边形单独镶嵌的结果分析。

探究问题 3:为什么正三角形、正方形、正六边形可以进行平面镶嵌? 为什么正五边形不能实现平面镶嵌?

探究问题 4:正多边形不重合、没有空隙地拼接在一起,需要什么条件?

【教师活动】组织学生汇报实验结果,邀请各小组代表展示成功镶嵌的正多边形,并说明操作过程和发现。

结合多媒体动画演示,展示正三角形、正方形、正六边形镶嵌的过程,详细分析其内角与 $360°$ 的关系。如图 3.10,正三角形的每个内角为 $60°$,6 个这样的角加起来正好是 $360°$,可以完美地镶嵌在一起;正方形每个内角 $90°$,4 个角加

起来也是 *360°*；而正六边形，每个内角 120°，3 个角就能凑满 360°。至于正五边形，引导学生计算出其内角为 108°，然后一起探讨：为什么无论怎么尝试，都无法用正五边形拼出一个 360° 的完整平面？

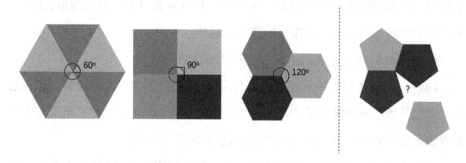

图 3.10　正多边形的镶嵌

【学生活动】各小组代表积极上台展示成果，分享小组的思考过程和发现结果。其他小组成员认真倾听，对比其他小组与自己小组的实验结果，提出疑问，补充意见。在教师讲解的过程中，跟着教师的思路，深入理解正多边形内角和与镶嵌的关系。

【师生活动】回顾正多边形进行平面镶嵌的过程，总结平面镶嵌的实质：基本图形经过"平移、旋转、翻折"三大运动最终呈现的图形。

【设计意图】通过学生的汇报和展示，促进学生之间的交流和学习，培养学生的表达能力和团队协作精神。通过多媒体动画和详细的理论分析，学生能够从直观感受上升到理性认识上来，深入理解正多边形能够单独镶嵌平面的条件，即正多边形的一个内角度数必须能被 360 度整除。例如，正三角形、正方形和正六边形能够满足这一条件，从而实现无缝隙的平面镶嵌。

探究活动 3：两种正多边形组合镶嵌。

【教师活动】提出问题："如果用两种正多边形进行镶嵌，又会有哪些奇妙的组合呢？大家再次分组实验，大胆用两种不同的正多边形拼接吧。"在学生实验过程中遇到困难时，给予适当的提示和引导。例如，当学生尝试用正三角形和正方形组合时，启发学生思考如何调整两种图形的数量和排列方式以实现镶嵌。

【学生活动】带着新的问题再次投入小组实验中，积极尝试各种可能的两种正多边形组合。在实验过程中,不断调整多边形的数量、角度和位置关系,仔细观察拼接效果,并及时记录成功的组合和失败的尝试,总结经验教训。

【设计意图】进一步激发学生的探究欲望和创新思维,培养学生在复杂情境下运用数学知识解决问题的能力。通过教师的引导和学生的自主探索,让学生深入理解两种正多边形组合镶嵌的原理和规律。

探究活动4:两种正多边形组合镶嵌结果总结。

【教师活动】各小组展示成功的组合镶嵌结果,引导学生分享探索过程和思路。总结并概述两种常见的正多边形组合镶嵌模式,例如,4个正三角形与1个正六边形的巧妙结合,以及正方形与正八边形的完美搭配。

借助数学计算和直观的图形演示,深入剖析镶嵌原理,即两种正多边形在拼接处的内角和恰好为360°,就可以实现无缝衔接。

【学生活动】小组代表详细介绍本小组的成功组合及探索过程,其他小组认真倾听、学习和提问。在教师总结的过程中,深入理解组合镶嵌原理,整理和归纳不同的组合情况和原理,形成知识体系。

【设计意图】通过学生的展示和教师的总结,让学生全面了解两种正多边形组合镶嵌的情况,培养学生的归纳总结能力和知识迁移能力,进一步加深学生对镶嵌原理的理解,为后续的实践应用和拓展延伸奠定坚实的基础。

(4)艺术创作,完成项目任务2

【教师活动】"以小组为单位,运用我们掌握的平面图形镶嵌知识和艺术设计原则,共同构思并创作一个主题鲜明的镶嵌图案——'校园四季'花园连廊的地面镶嵌设计。"在学生设计过程中,提供艺术设计方面的建议,如色彩搭配、图形对称与变化等,鼓励学生大胆创新。

【学生活动】小组讨论,确定设计主题和整体构思,分工合作,绘制草图。根据草图,用卡纸裁剪出相应的多边形,精心拼接和粘贴,不断调整和完善作品。在创作过程中,发挥想象力,融入各种艺术元素,精心调配色彩,巧妙设计图形,力求每一件作品都能展现出独特的创意,具有较大的观赏价值。

【设计意图】将数学知识与艺术创作相结合,让学生在实践中了解数学在艺术领域的应用,培养学生的艺术素养和创新能力。通过小组合作创作,提高学生的团队协作能力和沟通能力,同时增强学生对平面图形镶嵌知识的运用能力。

(5)展示项目,评价成果

【教师活动】组织学生展示项目成果。各小组展示自己设计、制作的镶嵌艺术作品等成果,其他小组的学生认真倾听和观看,并提问和评价。从知识掌握、实践操作、创新能力、团队合作等方面综合评价各小组的成果,肯定学生的优点和创新之处,指出存在的问题和不足,给予具体的建议和指导。最后,总结整个项目式学习,强调平面图形镶嵌在数学和实际生活中的重要性,鼓励学生在今后的学习和生活中继续探索数学的奥秘。

【学生活动】各小组代表上台展示成果,详细阐述探究历程、发现的规律及作品创意。认真观察其他小组展示的作品,积极提问和评价,学习他人的优点。听取教师的评价,采纳好的建议,反思项目式学习中的表现,总结经验教训。

【设计意图】通过成果展示与评价,让学生展示自己的学习成果,增强自信心和成就感;通过相互评价和交流,促进学生之间的学习和共同进步,培养学生的批判性思维能力和表达能力。

(6)拓展学科,融合创新

【教师活动】首先,通过展示蜂巢的结构图片和视频,深入讲解蜂巢由正六边形构成的科学原理。蜂巢的六边形结构不仅具有高度的稳定性和强度,而且在空间的利用和材料的使用上实现了最大化。例如,在建筑领域,蜂巢结构被广泛应用于制作轻型且坚固的建筑材料,如蜂窝板材,用于隔热、隔音和保温。结构的稳定性和轻量化的特性使其成为各个领域的理想选择。引导学生从科学的角度分析其他平面图形镶嵌在自然界中的应用和优势。

接着,引导学生探究不规则多边形的镶嵌问题:"同学们,我们已经研究了正多边形和一些组合多边形的镶嵌。现在大家想一想,任意形状的三角形和四边形能否镶嵌平面呢?大家可以课后应用 Illustrator 软件中的路径和图形编辑功能进行探索设计。"

最后,介绍现代科技在平面图形镶嵌领域的应用。例如,3D 打印技术不仅在设计领域实现了快速原型制作,提高了设计效率,而且为艺术创作提供了全新的创作方式。通过 3D 打印,复杂的镶嵌结构可以快速制作,而计算机图形学中的算法则能够生成精美的镶嵌图案。例如,荷兰的 DUS Architects 建筑公司利用 3D 打印技术建造了名为"3D 打印房屋"的实验性建筑,展示了 3D 打印在建筑施工领域的潜力。此外,Apple 公司采用一种新方法,使用三角形镶嵌有效地打印 3D 模型,通过动态调整三角形的大小和位置,可优化使用材料并提高结构强度。鼓励学生课后查阅资料,了解更多相关信息,并尝试用简单的计算机软件设计和模拟镶嵌图案。

【学生活动】在教师的引导下,探究不规则多边形的镶嵌问题。记录教师介绍的现代科技应用信息,课后积极查阅资料,探索计算机软件在镶嵌图案设计中的应用方法。

【设计意图】拓展学生的思维深度和广度,激发学生对未知领域的探索欲望,培养学生的自主学习能力和创新精神。让学生了解数学与现代科技的紧密联系,拓宽视野。引导学生关注学科前沿知识,为学生未来的学习和发展提供动力和方向。

(7)融入思政,提升素养

【教师活动】讲述古代建筑中平面图形镶嵌的应用,如中国传统建筑中的窗棂图案、欧洲中世纪教堂的彩色玻璃镶嵌图案等。展示古人的智慧和创造力,激发学生的民族自豪感和文化认同感。强调团队合作、勇于探索、不怕失败在项目式学习过程中的重要性,培养学生的科学精神和团队合作精神。引导学生思考数学在人类文明发展过程中的重要作用,鼓励学生努力学习数学,为未来的社会发展贡献自己的力量。

【学生活动】认真聆听古代建筑故事,感受古人的智慧和文化魅力,分享自己的感受和体会。反思在项目式学习中的团队合作经历,认识到团队合作和勇于探索的重要性。树立努力学习数学、为社会发展做贡献的理想和信念。

【设计意图】通过思政教育的融入,传承数学文化,培养学生的民族自豪感、文化认同感和社会责任感,促进学生全面发展。

8. 教学效果评估表

(1)学习态度评价(表 3.12)

表 3.12　学习态度评价

评价内容		自评	互评
学习常规	积极思考,完成课堂实践活动		
	认真聆听老师讲课,积极回答问题		
	认真聆听同学发言,主动找出同学与自己的观点的异同之处,发表自己的观点		
合作交流	主动与同学交流,采纳他人好的建议,发表自己的观点		
总分			

（3）知识性评价（表 3.13）

表 3.13　知识性评价

学习目标	新手	学徒	熟练	出色	完美	自评	师评
理解平面图形镶嵌的概念							
掌握正三角形、正方形、正六边形能单独镶嵌平面的原理							
了解三角形、四边形镶嵌平面的条件							
知道两种或多种正多边形组合镶嵌平面的规律							

（3）技能性评价（表 3.14）

表 3.14　技能性评价

评价内容	熟练掌握	基本掌握	初步掌握	未掌握	自评	师评
能够运用多边形进行简单的镶嵌设计						
能使用计算机软件设计镶嵌图案						
能创作出具有艺术美感的镶嵌艺术作品						

(4)综合性评价(表3.15)

表3.15　综合性评价

评价等级	评价内容	自评	师评
优秀	深入理解平面图形镶嵌的概念,积极参加项目活动,在实验探究、作品设计等方面表现出色,团队合作意识强		
良好	较理解平面图形镶嵌的概念,能积极参加项目活动,在实验探究和作品设计方面表现较好,具备一定的团队合作精神		
中等	基本理解平面图形镶嵌的概念,愿意参加项目活动,在实验探究和作品设计方面存在不足,团队合作能力一般		
待提高	对平面图形镶嵌的概念理解不够深入,参加项目活动的积极性不高,在实验探究和作品设计方面困难较大,团队合作能力差		

9.总结与反思

本案例以两大项目任务为主线,以学生协作探究为主要方式,以探究问题为抓手,引导学生掌握正多边形镶嵌和组合的相关知识,制作小组作品并进行展示和评价。完成项目任务的过程不仅能够促进学生对知识的深层次探究,还有助于学生培养协作能力和创新能力,增强数学应用意识,提升数学素养。

案例2:统计调查

1.案例介绍

本案例选自人教版数学七年级下册(六三学制)第10章《数据的收集、整理与描述》的第1节"统计调查",课程内容以收集数据为主,引导学生学习全面调查和抽样调查,并体会抽样调查的必要性,会用样本估计总体,同时整理收集的信息和数据,将数据可视化,学会用合适的语言和图表描述数据[5]。基于调查结果,学生将形成调查报告,深刻体会数据在决策中的重要性,从而培养用数据说话的意识,增强数据分析能力,进一步提升自身的数据素养。

本次项目教学结合 STEAM 教育理念,以"校园课外活动的受欢迎程度"为主题,让学生经历统计调查的全过程,在解决实际问题的过程中,提升综合素养和跨学科能力。学生将运用数学知识处理数据,利用技术手段收集和分析数据,评估调查方案的可行性,并用艺术形式呈现调查结果,同时了解统计在科研中的应用,了解数学与其他学科的融合。

2.课标要求

(1)经历数据收集、整理、描述和分析的全过程,掌握数据处理方法,能运用计算器处理复杂数据。

(2)掌握扇形统计图的制作方法,能运用统计图直观有效地展示数据。

(3)能解释统计结果,根据结果做出简单的判断和预测。

(4)分析数据,体会统计在社会生活和科学领域的应用价值,感受数学与现实的紧密联系,提升应用数学的能力。

3.学习目标

(1)知识目标:理解全面调查和抽样调查的概念、特点及适用范围,掌握数据收集、整理、描述和分析的基本方法,学会制作各种统计图表(如扇形统计图)。

(2)能力目标:能够根据实际问题选择合适的调查方式,设计合理的调查问卷,准确收集和整理数据,并运用统计图表描述和分析数据,提高数据处理能力和逻辑思维能力。

(3)素养目标:培养合作精神和实践能力,增强数据分析观念和应用数学的意识,提升综合素养。

(4)STEAM 素养目标:在项目实施过程中,运用信息技术手段辅助数据收集和分析,了解统计在工程领域(如市场调研、资源分配规划)的应用,用艺术形式(如美化统计图表)展示调查成果,理解统计在科学研究中的重要性,提升跨学科综合素养。

4.教学重点与难点

(1)教学重点:熟悉全面调查与抽样调查之间的区别及其应用场景,掌握数据的收集、整理与描述方法,制作统计图表并能准确从图表中提取信息。

(2)教学难点:根据具体问题选择合适的调查方式,抽样调查样本的选取及代表性,深入分析统计图表并得出合理的结论。

5.跨学科知识点分布

本案例中的跨学科知识点分布,如表3.16 所示。

表 3.16　本案例中的跨学科知识点

学科	知识点分布
数学	统计调查的概念、方法,数据的收集、整理、描述和分析,统计图表的制作与解读,数据分析观念的树立
技术	利用在线调查问卷平台(如问卷星)收集数据,使用电子表格软件(如 Excel)整理和分析数据,运用数据可视化工具制作统计图表
工程	在市场调研、资源分配规划等工程领域,运用统计调查方法收集数据,为决策提供依据
艺术	美化设计统计图表,运用色彩搭配、图形布局等艺术元素,使统计图表更具吸引力和表现力;用艺术作品(如海报)展示调查结果
科学	利用统计调查方法收集实验数据、分析实验结果,了解统计在不同科学领域(如生物学、物理学)的应用特点

6.条件准备

【所需物品】纸、笔、计算器;已联网、安装 Excel 等办公软件的计算机,制作海报的材料(彩纸、画笔、剪刀等)。

【知识准备】了解基本的统计概念(如平均数、总数等),掌握简单的四则运算。

7.教学过程

(1)创设情境,明确项目主题

【教师活动】通过多媒体设备展示学校丰富多彩的课外活动图片,如篮球比赛、绘画社团、科技制作等,并提出问题:"同学们,学校组织了这么多有趣的课外活动,那怎样才能知道哪项活动在我们班最受欢迎呢?"引导学生思考如何收集和分析数据来解决这个问题,从而引出项目主题:校园课外活动的受欢迎程度。

今天,每个同学都是研究调查员,让我们一起来探索校园课外活动的受欢迎程度吧!

【学生活动】观察图片,积极思考教师提出的问题,结合生活经验发表自己的看法,如可以询问每个同学的喜好等。

【设计意图】从学生熟悉的校园生活场景入手,激发学生的学习兴趣和探究欲望,让学生感受到统计调查在实际生活中的重要性。

(2)制定计划,明确项目任务

项目任务1:设计调查问卷并发放问卷,收集数据。(1课时)

项目任务2:以图表形式描述数据,形成调查报告。(1课时)

【教师活动】5人为一组,合理分工,明确各自的任务,这节课完成项目任务1:问卷的设计与发放,下节课完成项目任务2。各小组提交调查报告。

【学生活动】明确项目任务,小组分工。

【设计意图】引导学生明确项目目标和任务,做好项目实践的准备。

(3)收集数据,完成项目任务1

【教师活动】讲解统计调查的相关概念,如全面调查和抽样调查。通过具体实例,如调查班级同学的身高、全校学生的视力情况,对比说明两种调查方式的特点和适用范围。介绍数据收集的方法,如问卷调查、实地测量、查阅资料等,重点讲解如何设计一份合理的调查问卷,包括问题的设置、选项的设计等。

【学生活动】认真听讲,理解统计调查的概念和方法,结合教师给出的实例进行思考,提出自己的疑问并与同学交流。

【设计意图】让学生系统地学习统计调查的基础知识,为后续的实践活动做好铺垫。

发放子任务1:制作调查问卷。

探究问题1:了解学生喜欢的课外活动,你需要知道哪些信息?

探究问题2:如何设计调查问卷?

【教师活动】组织以“校园课外活动的受欢迎程度”为主题的统计调查活动,分组设计问卷,如图3.11,涵盖课外活动喜好。指导完善问卷选项、标题及简介等要素。

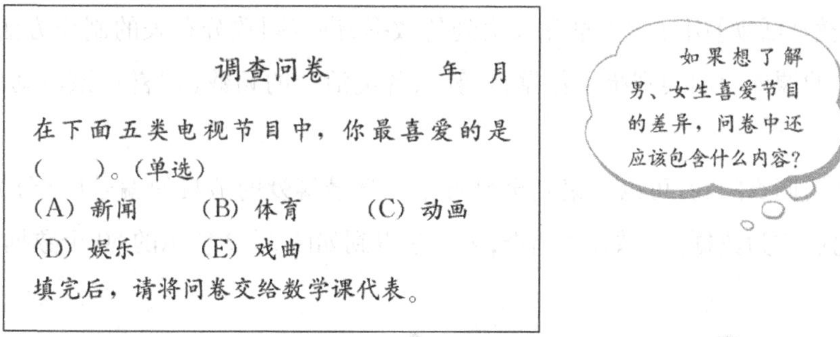
调查问卷　　　年　月

在下面五类电视节目中,你最喜爱的是(　　)。(单选)

(A)新闻　(B)体育　(C)动画

(D)娱乐　(E)戏曲

填完后,请将问卷交给数学课代表。

图3.11　调查问卷示例

【学生活动】小组成员分工合作,设计调查问卷。

【设计意图】通过实践活动,让学生亲身体验问卷设计的全过程,培养学生的合作能力和实践能力。

发放子任务 2:发放问卷,开展调查。

探究问题 3:如果想了解全校学生的情况,该如何调查?

【教师活动】

思考 1:调查本班情况属于抽样调查吗? 若属于,样本、样本容量、个体、总体分别是什么?

思考 2:本班的情况能代表全校的情况吗?

【学生活动】根据问题自由思考,并回答教师的问题。

【设计意图】通过实例加深学生对抽样调查的理解。通过思考 2 让学生意识到抽样调查的样本代表性很重要,直接关系到估计总体的程度,由此过渡到对简单随机抽样的思考。

探究问题 4:如何抽样调查? 样本容量应为多少?

【教师活动】指导学生调查,提醒学生在调查过程中注意礼貌,确保数据的真实性。

【学生活动】小组成员先在班级内发放问卷、回收问卷,并对收集到的数据进行初步整理。接着思考如何在全校开展调查。

【设计意图】通过任务和问题,引导学生深刻理解全面调查和抽样调查的不同。

(4)整理数据,完成项目任务 2

探究问题 5:如何整理调查结果?

【教师活动】引导学生整理收集到的数据,讲解频数分布表的制作方法,根据不同的课外活动类别统计数据,计算出各类活动的频数(即喜欢该活动的人数)。

利用调查问卷,可以收集到全班每个同学最喜爱的节目的编号(字母),我们把它们称为数据。例如,经调查,某同学得到如图 3.12 所示的 50 个数据。

C C A D B C A D C D
C E A B D D B C C C
D B D C D D D C D C
E B B D D C C E B D
A B D D C B C B D D

图 3.12　调查数据图

为了更清楚地了解数据所蕴含的规律,需要整理数据。统计时经常用表格整理数据。整理前面的数据,结果如图 3.13 所示。

节目类型	划记	人数	百分比
A 新闻	正	4	8%
B 体育	正正	10	20%
C 动画	正正正	15	30%
D 娱乐	正正正下	18	36%
E 戏曲	下	3	6%
合计	50	50	100%

图 3.13　全部学生最喜爱的节目的人数统计结果

【学生活动】参与调查问卷,与教师共同整理数据。

探究问题 6:你们能用统计图描述数据吗?

【教师活动】指导学生根据频数分布表制作条形统计图,展示数据的分布情况。强调统计图的绘制规范,如坐标轴的标注、图形的比例等,如图 3.14 所示。

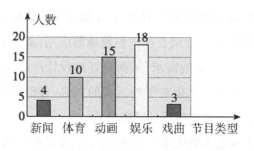

图 3.14　条形统计图

【学生活动】根据频数分布表制作条形统计图,展示数据的分布情况。

探究问题 7:如何绘制扇形图?

【教师活动】扇形图用圆代表总体,每一个扇形代表总体的一部分,扇形的大小反映各个部分占总体的百分比。画扇形图时,首先按各类节目所占的百分比算出对应扇形的圆心角度数。例如,"体育"和"动画"对应扇形的圆心角分别为 $360° \times 20\% = 72°$, $360° \times 30\% = 108°$。然后在一个圆中,根据算得的各圆心角度数画出各个扇形,并标注各类节目的名称及其对应的百分比。如图 3.15 所示。

图 3.15　扇形图

【学生活动】各小组根据教师的指导,制作条形统计图和扇形统计图,进一步整理和描述数据,并分析图表所反映的信息。

【设计意图】让学生掌握整理和描述数据的方法,学会用统计图表直观地展示数据,培养学生的数据分析能力。

(5)拓展延伸,学科融合

【教师活动】介绍在线调查问卷平台(如问卷星)的使用方法,让学生了解如何利用信息技术更高效地收集数据。展示如何使用 Excel 软件快速整理和分析数据,如计算平均数、制作数据透视表等,了解学生的数据处理技术手段。

接着,通过案例讲解统计调查在工程领域的应用,如市场调研中如何通过抽样调查了解消费者对产品的需求,从而更好地设计产品和制定生产规划;在学校资源分配中,如何根据学生对课外活动的喜好,合理安排场地和器材等资源,引导学生感受数学与现实生活的紧密联系。

随后,引导学生从艺术的视角美化统计图表,如选择恰当的色彩、优化布局和排版,提升图表的吸引力和可读性。鼓励学生将调查结果制作成海报,运用艺术元素进行展示,提高学生的艺术表现力和审美能力。

最后,举例说明统计调查在科学研究中的应用(如生物学中对动植物种群数量的调查,物理学中对实验数据的统计分析等),让学生了解统计在科学研究中的重要性以及如何通过统计分析发现科学规律。

【学生活动】认真学习教师介绍的技术工具,尝试使用在线平台和 Excel 软件处理数据。思考统计调查在艺术、科学领域的应用原理,积极参与小组讨论,合作完成统计图表的美化和海报制作。

【设计意图】通过跨学科拓展,提升学生对统计调查在不同学科领域广泛应用的认知,进而培养学生的跨学科思维能力及综合素养。

(6)展示项目,评价结果

【教师活动】组织各小组展示调查结果,每个小组派代表上台展示制作的统计图表和海报,分析和讲解调查结果,其他小组的学生认真倾听、互动交流,提出问题和建议。对各小组的展示进行点评,肯定优点,指出不足,给予鼓励和指导。

【学生活动】各小组代表进行展示,分享调查过程中的收获和体会,回答同学的问题。认真聆听其他小组的汇报,积极参与讨论,学习他人的优点,提高调查结果的准确率。

【设计意图】通过成果展示与交流,培养学生的表达能力和团队协作精神,让学生在交流中相互学习、共同提高。

(7)融入思政,提升素养

【教师活动】讲述统计在国家发展中的重要作用,如人口普查为国家制定政策提供依据,经济数据统计反映国家经济发展状况等。强调在统计调查过程中要坚持实事求是的原则,数据的真实性和准确性至关重要,培养学生严谨的科学态度和强烈的社会责任感。

【学生活动】认真听讲,体会统计在国家发展中的重要意义,反思自己在调查过程中的行为,树立实事求是的科学态度。

【设计意图】通过思政教育,让学生了解统计的社会价值,培养学生的家国情怀和科学精神。

8.教学效果评估表

(1)学习态度评价(表3.17)

表 3.17　学习态度评价

评价内容		自评	互评
学习常规	积极参与课堂讨论,主动完成各项调查任务		
	认真听讲,积极回答教师提出的问题		
	认真倾听同学发言,尊重他人的观点,积极参与讨论和交流		
合作交流	主动与小组成员合作,共同完成调查问卷设计、数据收集与整理等任务,善于倾听他人的意见,积极分享自己的想法		
总分			

（2）知识性评价（表 3.18）

表 3.18　知识性评价

学习目标	新手	学徒	熟练	出色	完美	自评	师评
理解全面调查和抽样调查的概念,了解特点及适用范围							
掌握数据收集、整理、描述和分析的方法							
能正确制作各种统计图表							
能从统计图表中获取并分析有效信息							

（3）技能性评价（表 3.19）

表 3.19　技能性评价

评价内容	熟练掌握	基本掌握	初步掌握	未掌握	自评	师评
能独立设计科学的调查问卷						
能运用信息技术手段收集和分析数据						
能将调查结果用艺术形式(如海报)展示出来						

（4）综合性评价（表 3.20）

表 3.20　综合性评价

评价等级	评价内容	自评	师评
优秀	深入理解统计调查知识,积极参加各项活动,具备较强的跨学科思维能力和实践能力,能准确运用统计知识解决实际问题,在调查结果展示中表现出色,综合素养较高		
良好	对统计调查知识理解较深入,积极参加活动,有一定的跨学科思维能力和实践能力,能较熟练地运用统计知识解决问题,调查结果展示质量较高,具备一定的综合素养		
中等	基本理解统计调查知识,愿意参加活动,但跨学科思维能力和实践能力有待提高,运用知识解决问题的能力一般,调查结果展示存在不足,综合素养需进一步提升		
待提高	对统计调查知识理解不够深入,参加活动的积极性不高,跨学科思维能力和实践能力薄弱,运用知识解决问题存在困难,调查结果展示效果不佳,需要加强综合素养的培养		

9. 总结与反思

本案例通过设计两大项目任务和项目子任务及一系列探究问题,引导学生以小组为单位协作探究达成项目目标,掌握数据收集、处理的方法及数据的正确描述。来源于生活实际的项目探究主题能激发学生的好奇心和探索欲,激励学生在协作中学习知识,提升学科核心素养和创新能力。信息技术的巧妙融入和拓展,让学生在实践中深切体会到跨学科思维的独特魅力。

3.3　基于 STEAM 的初中数学跨学科教学案例

跨学科教学是培养适应现代社会复合型人才的关键。在初中数学教学体系中,它能加深学生对数学知识的理解,使抽象的数学概念在其他学科情境中变得具体,提升学生学习数学的兴趣和动力,改变传统数学教学相对孤立的局面,增强数学与其他学科的关联性,从而在整体课程体系中起到促进学科融合、提升学生综合素养的重要作用。

在科学领域,数学与物理、化学联系紧密。例如:在物理的电路问题中,运用一次函数分析电阻、电流和电压的关系;化学实验的数据处理与统计分析也离不开数学知识。在技术方面,利用计算机软件(如绘图软件、数据分析软件)辅助数学教学,如绘制几何图形、处理统计数据等,提升教学效率和学生的操作技能。在工程领域,桥梁设计中的力学计算与几何形状设计,涉及数学原理的应用,学生可通过模拟工程设计项目理解数学在其中的关键作用。在艺术领域,数学的对称、比例等知识在绘画、雕塑、建筑美学中应用广泛,学生可通过艺术创作活动体会数学与艺术的融合。通过这些途径,教师能充分将 STEAM 理念融入初中数学教学,实现跨学科教学的有效开展。

本案例以 STEAM 理念为核心,打破学科界限,提升学生综合运用知识解决问题的能力。此案例围绕多个初中数学核心知识点实现跨学科融合,如在"图形与几何"方面,以"建筑中的几何图形"为专题,探究建筑结构蕴含的几何原理。

案例 1:中心对称

1.案例介绍

本案例选自人教版数学九年级上册第 23 章《旋转》第 2 节"中心对称",重点围绕对称图形这一核心内容进行拓展教学。在日常生活和自然界中,对称现象无处不在。从建筑结构到艺术作品,从生物形态到机械设计,对称图形都展现出独特的美学价值和稳定的结构特性。本案例的教学,旨在引导学生深入理解旋转与对称图形之间的紧密联系,熟练掌握中心对称图形的判定方法和性质、特点,培养学生敏锐的观察力、严谨的逻辑思维能力以及对数学美学的欣赏能力,提升学生运用数学知识解决实际问题的综合素养[6]。

在学生已经初步掌握旋转的基本概念、性质和简单图形旋转规律的基础上,进一步探究中心对称图形,能够加深学生对图形变换的全面理解,为后续学习更复杂的几何知识和空间图形奠定坚实的基础。同时,借助丰富多样的实际案例和跨学科知识融合,可激发学生对数学学习的浓厚兴趣,让学生真切感受到数学与生活、自然科学、艺术设计等领域的深度融合,拓宽学生的知识视野和思维边界。

基于 STEAM 理念的案例教学,通过实际操作和案例分析,教学生将中心对称原理应用于建筑设计、艺术创作中,提升实践能力,深化对数学美学和实用价值的理解,培养跨学科思维,为未来学习和发展奠定坚实的基础。例如,在"建筑中的几何图形"专题中,学生通过分析著名建筑(如故宫)的对称结构,理解中心对称在建筑美学中的重要作用。通过绘制对称图案,学生将数学原理与艺术创作相结合,提高了审美能力和创新能力。这种跨学科融合的教学模式,不仅巩固了数学知识,还培养了学生的综合素养,使学生能够在实际生活中发现和应用数学之美。学生在探究过程中,通过动手制作模型,进一步验证中心对称原理的实际应用,增强了空间想象力和动手能力;同时,结合力学知识,分析对称结构在承重和抗震中的优势,加深了对数学与自然科学内在联系的理解。通过小组合作与展示,学生不仅提高了沟通协作能力,还激发了创新思维,为未来跨学科学习和职业发展奠定了坚实的基础。

2.课标要求

(1)理解中心对称图形的定义,熟练掌握判断一个图形是否为中心对称图形的方法和技巧,准确找出其对称中心,并能清晰地阐述判断依据和推理过程。

(2)领会中心对称图形的性质,如对应点连线经过对称中心且被对称中心平分等,能灵活运用这些性质解决相关的几何证明和计算问题,提高逻辑推理能力和数学运算能力。

(3)学会从生活、自然和艺术作品中敏锐地识别中心对称图形,能够运用数学知识分析其对称特点和美学价值,培养数学应用意识和审美能力,加深对数学与现实世界紧密联系的认识。

(4)通过小组合作、探究活动等方式,自主探究中心对称图形在不同学科领域的应用实例,培养学生的自主学习能力、团队协作精神和跨学科思维能力,促进学生综合素质的全面提升。

3.学习目标

(1)知识目标:理解中心对称图形的概念和性质,熟练掌握常见中心对称图形的特征。

(2)能力目标:提高观察能力和空间想象能力,培养几何直观素养,提升数学思维能力和严密性。

(3)素养目标:培养数学审美情趣,提升文化素养,增强数学应用意识和实践能力。

(4)STEAM 素养目标:运用信息技术工具(如图形绘制软件、动画制作软件)创作和演示中心对称图形,提升技术应用能力、数字化素养,增强创新实践能力。

4.教学重点与难点

(1)教学重点:判断中心对称图形的方法和技巧,准确地识别常见的中心对称图形。

(2)教学难点:在复杂的背景下提取数学信息,运用数学模型解决问题。

5.跨学科知识点分布

本案例中的跨学科知识点,如表 3.21 所示。

表 3.21 本案例中的跨学科知识点

学科	知识点分布
数学	中心对称图形的定义、性质与判定方法。旋转的概念、性质及其与中心对称图形的关系。几何图形的分析、证明与计算方法,图形的对称变换与组合规律
技术	运用图形绘制软件设计与绘制中心对称图形。利用动画制作软件制作中心对称图形的旋转动画和动态演示。借助 3D 建模软件构建具有中心对称结构的物体模型和模拟场景
工程	中心对称结构在建筑设计(如宫殿、桥梁、塔楼)、机械制造(如齿轮、传动轴、发动机部件)等工程领域的稳定性和力学原理分析。工程图纸中的对称标注和尺寸公差控制
艺术	中心对称图形在绘画、雕塑、图案设计等艺术形式中的美学应用和创作技巧。艺术作品中对称与平衡的表现手法和视觉效果分析
科学	中心对称图形在晶体结构(如食盐晶体、雪花晶体)、生物形态(如蝴蝶翅膀、花瓣、海星)等自然现象中的体现和生物学意义分析。自然科学研究中利用对称原理构建模型和分析数据的方法

6.条件准备

【所需物品】纸质图形卡片,包括各种常见的多边形、生活中的实物图形以及一些具有艺术特色的对称图案,供学生在课堂上观察和动手操作。

【知识准备】复习旋转的相关知识,如旋转的定义、三要素以及旋转的性质。

7.教学过程

(1)情境导入,引发兴趣

【教师活动】展示一系列精美的图片,在展示过程中引导学生仔细观察这些图片中的图形的特点。

提问:"同学们,在这些美丽的画面中,你们发现了哪些图形规律或共同特征呢? 有没有注意到有些图形似乎存在一种特殊的对称关系呢?"

【学生活动】发现一些图形左右或上下完全相同,或者注意到某些图形围绕一个点旋转一定的角度后与自身重合,但可能无法准确用数学语言表达这种现象,从而产生进一步探究的欲望。

【设计意图】从实际生活和艺术领域引入,展示学生熟悉的精美图片和视频,吸引学生的注意力,激发学生的好奇心和探索欲。让学生在观察中初步感知图形的对称关系,为后续引出中心对称图形的概念做铺垫,同时使学生体会到数学与生活、艺术联系紧密,认识到数学的广泛应用和美感,增强学生学习数学的内在动力。

(2)回顾知识,奠定基础

【教师活动】在黑板上画一个简单的几何图形,如图 3.16 所示,引导学生回顾旋转的相关知识。提问:"同学们,我们之前学习了旋转,谁能说一说正方形绕着它的中心旋转多少度能够与自身重合呢? 在旋转过程中,正方形的哪些性质保持不变呢?"

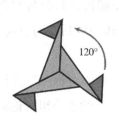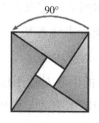

图 3.16 图形的旋转

【学生活动】能回答出正方形绕中心旋转 90°、180°、270°、360°等角度都能与自身重合,并能简要说明旋转过程中图形的性质保持不变。

【设计意图】以正方形为例回顾旋转知识,一方面帮助学生巩固已学的旋转的定义、性质等内容,强化知识记忆。另一方面,从正方形绕中心旋转能与自身重合这一特性,自然地过渡到中心对称图形的学习,让学生在已有知识的基础上更好地理解新知识,体会知识之间的连贯性和系统性,降低学习难度,增强学习新知识的信心。

(3)讲解概念,剖析实例

【教师活动】展示典型的中心对称图形,如正方形、正六边形、三角形等,如图 3.17 所示,进行对比讲解,阐述中心对称图形的定义,演示其绕着对角线交点旋转 180°后与自身重合的过程,让学生直观地感受中心对称图形的特点。接着,拿出准备好的纸质图形卡片,如禁止标志、风轮叶片、三叶风扇等,分发给学生,让学生分组讨论这些图形是否为中心对称图形,并找出对称中心。巡视各小组,及时给予指导和帮助,引导学生运用定义进行判断。

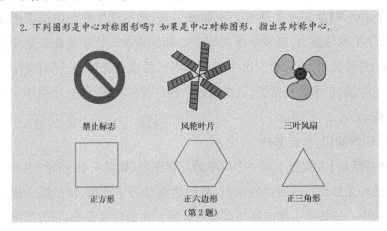

图 3.17　教材习题

【学生活动】根据中心对称图形的定义,对每个图形进行分析和判断。例如,通过旋转图形卡片发现禁止标志绕着某个点旋转 180°后能与自身重合,判断它是中心对称图形,并找出其对称中心。

【设计意图】通过展示典型的中心对称图形和非中心对称图形进行对比讲解,让学生更直观地理解中心对称图形的本质特征。让学生分组讨论纸质图形卡片,在实践操作和交流讨论中,主动运用定义去判断图形,培养自主探究能力、合作交流能力以及知识应用能力,巩固中心对称图形的概念。

(4)探究性质,拓展应用

【教师活动】提出问题:"同学们,我们已经知道了中心对称图形的定义,那么根据这个定义,你们能发现中心对称图形有哪些性质呢?"

【学生活动】思考中心对称图形的性质,通过小组讨论和实际操作,如在纸上画出中心对称图形并连接对应点,观察对应点连线与对称中心的关系,逐渐发现和总结中心对称图形的性质。认真分析教师给出的练习题的条件,运用所学的性质进行推理和计算。

【设计意图】引导学生自主探究中心对称图形的性质,培养学生的观察能力、逻辑思维能力和归纳总结能力,使学生全面深入地理解中心对称图形的性质。在练习中运用性质推理和计算,及时检验学生对中心对称图形的性质的掌握程度,提高学生运用知识解决问题的能力,同时加深学生对中心对称图形的性质的理解和记忆。

(5)拓展学科,融合知识

【教师活动】展示不同领域的中心对称图形图片,如中国传统回纹图案(如图3.18)、建筑结构(如图3.19)、机械零件和雪花的晶体结构(如图3.20)等,引导学生欣赏不同图案的对称美,并分析其中运用的中心对称图形元素及其对作品艺术效果的影响。[7]

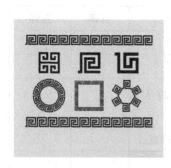

图 3.18　中国传统回纹图案　　　　图 3.19　赵州桥

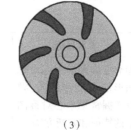

（1）　　　　　　　　（2）　　　　　　　　（3）

图 3.20　中心对称图形

【设计意图】让学生了解中心对称图形在不同领域的应用,提高学生运用数学知识解决实际问题的能力,培养学生跨学科思考的能力,拓宽学生的知识领域。

(6)总结归纳,巩固提升

【教师活动】与学生一起回顾本节课的主要内容,强调中心对称图形在数学学习和实际生活中的重要性,鼓励学生在今后的学习和生活中继续关注中心对称图形,发现更多的数学之美。

【学生活动】与教师一起总结回顾,梳理本节课所学的知识和方法,总结学习的收获和体会,记录教师布置的课后作业。

【设计意图】回顾本节课的主要内容,帮助学生梳理知识体系,强调中心对称图形的重要性,鼓励学生继续关注中心对称图形,培养学生持续探索数学知识的习惯,让学生认识到数学与生活的紧密联系,激发学生学习数学的兴趣。

8.教学效果评估表

(1)学习态度评价(表3.22)

表3.22　学习态度评价

评价内容		自评	互评
学习常规	积极思考,完成课堂实践活动		
	认真听老师讲课,积极回答问题		
	认真听同学发言,主动找出同学与自己的观点的异同之处,发表自己的观点		
合作交流	主动与同学交流,采纳他人好的建议,发表自己的观点		
总分			

(2)知识性评价(表3.23)

表3.23　知识性评价

学习目标	新手	学徒	熟练	出色	完美	自评	师评
能够准确理解中心对称图形的定义和性质,熟练掌握常见中心对称图形的特征和判断方法							

续表 3.23

学习目标	新手	学徒	熟练	出色	完美	自评	师评
深刻理解中心对称图形与旋转的内在联系,能够熟练运用旋转的知识解释中心对称图形的形成原理和性质特点							
熟练掌握中心对称图形在不同学科领域的应用实例和相关知识							

（3）技能性评价（表 3.24）

表 3.24　技能性评价

评价内容	熟练掌握	基本掌握	初步掌握	未掌握	自评	师评
能够熟练运用直尺、圆规等绘图工具绘制各种中心对称图形						
能够熟练运用中心对称图形的性质进行几何证明和计算						
能够熟练使用图形绘制软件和动画制作软件绘制和演示中心对称图形						

（4）综合性评价（表 3.25）

表 3.25　综合性评价

评价等级	评价内容	自评	师评
优秀	深刻理解和掌握中心对称图形的概念、性质和应用,能够熟练运用相关知识和技能解决各种复杂问题,在课堂活动中表现突出,展现出极强的数学思维能力、创新能力和很高的跨学科综合素养,能够独立发现和探索中心对称图形在新领域的应用		

续表 3.25

评价等级	评价内容	自评	师评
良好	对中心对称图形知识有较深入的理解和掌握,能够运用基本的方法和技能解决常见问题,积极参加课堂活动,较好地完成各项任务,具有一定的数学思维能力和跨学科素养,能够在教师和同学的启发下解决较复杂的问题		
中等	对中心对称图形知识有一定的理解,能够识别一些简单的中心对称图形并了解其基本性质		
待提高	对中心对称图形知识理解不够深入,在判断图形是否为中心对称图形、找对称中心以及运用性质解题方面存在困难		

9. 总结与反思

基于 STEAM 理念开展的本次初中数学"旋转与对称图形"教学活动,充分调动了学生的学习兴趣与探索欲望。本次教学通过回顾旋转知识,以正方形旋转为例,过渡到中心对称图形的学习。对比展示中心对称图形与非中心对称图形,结合平行四边形旋转的演示,让学生直观地理解中心对称图形的定义。性质探究环节鼓励学生分组讨论、动手操作,使学生不仅掌握了中心对称图形的性质,还锻炼了自主探究与合作交流能力。跨学科拓展阶段分别从艺术、工程、自然科学领域进行知识融合[8]。

案例 2:直方图

1. 案例介绍

本案例围绕人教版数学七年级下册(六三学制)第 10 章《数据的收集、整理与描述》第 2 节"直方图"展开。本案例选取菲尔兹奖得主年龄分布这一极具学术性与趣味性的主题,引领学生深度探究数据收集、整理与描述的核心方法,通过全方位地剖析真实且富有内涵的数据,全力培养学生运用数学知识解决实际问题的综合能力,切实提升学生的数据分析专业素养与创新思维能力,为学生打开一扇通往数据世界的智慧之门[9]。

菲尔兹奖(也叫费尔兹奖)是国际数学界的璀璨明珠,代表着数学领域的至高荣誉,其得主皆是在数学研究道路上取得卓越成就的杰出人才。这些得主的年龄数据犹如一座蕴藏丰富信息的宝藏,背后隐藏着数学研究领域的发展脉络、人才成长规律以及学科演进趋势等重要线索。通过深入挖掘与研究这一数据,学生不仅能够巩固数据处理的基础知识与技能,而且能够真切地体会到数学在高端学术研究领域的核心应用价值,深度激发学生对数学学习的浓厚兴趣与不懈探索精神,为后续系统学习统计图表绘制、数据分析进阶方法及统计学理论奠定坚实且稳固的基础,助力学生在数学学习的征程中稳步前行。

　　基于案例的 STEAM 教学设计,将数学与艺术、科技巧妙地融合,引导学生通过绘制直方图,感受数据之美,培养跨学科思维。通过实际操作,学生不仅掌握了直方图的绘制技巧,更在探究过程中提高了数据分析能力,激发了探索数学世界的热情。拓展环节引入历史与地理数据,让学生绘制不同的直方图,进一步强化跨学科应用能力。通过对比分析,学生能够加深对数据分布特征的理解,培养综合运用知识解决实际问题的能力,为未来的学术探索奠定坚实的基础。通过这种跨学科的教学设计,学生能在艺术、科技、历史和地理等多个领域全面提升素养。这种综合能力的培养,正是创新型人才培养的核心目标,有助于打破传统教育的壁垒,实现理论与实践的深度融合,为学生的未来发展奠定坚实的基础[10]。

　　2. 课标要求

　　(1)掌握多样化的数据收集方法,学会运用问卷调查、网络搜索、文献查阅等多种手段,能对数据来源进行审慎评估与筛选,培养严谨的科学态度与务实的实践能力。

　　(2)灵活运用数据整理的系统方法,如分组、频数统计、数据排序等关键操作环节。

　　(3)学会从复杂的统计图表中提取重要信息,总结数据的分布特征、集中趋势、离散程度及异常值情况等关键信息。

　　(4)了解数据统计在实际生活场景中的广泛应用,增强主动运用数学知识解决实际问题的意识与实践能力,自觉运用数据思维与统计方法进行分析与决策,提高学生的发展能力。

　　3. 学习目标

　　(1)知识目标:理解频数分布表和频数分布直方图的制作原理、方法步骤与应用场景,熟练掌握数据分组的策略、频数统计的技巧及图表绘制的规范与优化方法。

(2)能力目标:提高收集数据和整理数据的实践操作能力,培养解决实际问题的能力。

(3)素养目标:注重数据的准确性、完整性与一致性,对数据保持敬畏之心与审慎态度,培养良好的学习习惯与科学研究素养。

(4)STEAM 素养目标:拓宽学科视野与知识边界,培养跨学科思维与综合素养,能够从多学科融合的视角理解与解决问题,提高创新能力与综合竞争力。

4.教学重点与难点

(1)教学重点:制作条理清晰的频数分布表和频数分布直方图。

(2)教学难点:从多学科视角审视数据背后的复杂现象,挖掘深层次的规律。

5.跨学科知识点分布

本案例中的跨学科知识点,如表 3.26 所示。

表 3.26　本案例中的跨学科知识点

学科	知识点分布
数学	数据收集的多元化方法,整理与描述的系统流程,频数分布表和直方图的精细制作与深度分析
技术	运用电子表格软件(Excel)进行复杂数据的录入、高级排序、智能统计
工程	数据分析在工程领域的应用,如质量控制、可靠性分析、项目管理中的数据监控等。通过直方图分析工程数据的分布特征,优化工程设计和决策
艺术	数据可视化的艺术表现,通过直方图和其他统计图表的设计,提升数据展示的美感和信息传达效果。结合色彩、布局等艺术元素,增强图表的视觉吸引力和表达力
科学	数学研究与年龄因素的相关性深度分析,科学研究中广泛的数据分析应用案例

6.条件准备

【所需物品】菲尔兹奖的历史资料、精彩的颁奖典礼照片、获奖数学家的卓越成就介绍视频及数据表格和统计图表示例。

【知识准备】复习数据收集、整理与描述的基础概念、核心方法与典型案例,如数据的分类原则、统计图表的常见类型与适用场景等知识要点。

7.教学过程

（1）情境导入，激发兴趣

【教师活动】播放菲尔兹奖颁奖典礼视频片段，展示一系列获奖数学家的成就展板，详细介绍他们在数学领域的突破性研究成果、对学科发展的深远影响及所获得的国际赞誉，如图3.21和3.22所示。

图3.21　数学家丘成桐

图3.22　数学家陶哲轩

提出问题："同学们，菲尔兹奖是数学领域的明珠，汇聚了全球顶尖的数学智慧。大家仔细观察这些获奖数学家的风采，有没有思考过他们在获得这一殊荣时的年龄有什么独特之处呢？年龄与他们的学术成就之间是否存在某种神秘的联系呢？今天，就让我们化身为数学侦探，运用所学的数学知识，深入探究菲尔兹奖得主的年龄分布情况，揭开这背后隐藏的数学奥秘。"

【学生活动】围绕教师提出的问题展开思考。由于缺乏系统的数据分析与相关背景知识，学生暂时无法给出确切的答案。疑惑与好奇进一步激发了学生对数据研究的热切渴望与求知欲，为后续教学活动的顺利开展营造了积极活跃的学习氛围。

【设计意图】让学生直观地感受数学领域的崇高荣誉，激发学生对数学的向往。提出关于获奖年龄的问题，设置悬念，激发学生的好奇心和探究欲，引出本节课的研究主题。

（2）展示数据，提出任务

【教师活动】展示截至2022年菲尔兹奖得主的年龄数据，如图3.23所示，引导学生观察数据的数值范围、数值分布的疏密程度及可能存在的规律特点。同时，对数据进行初步分析与解读，指出数据中的最大值、最小值及一些较集中的数值区间。

布置任务:根据这些数据,按照不同的分组方法列出频数分布表,绘制频数分布直方图,直观地呈现这些数据的分布情况。

下面数据是截至 2022 年费尔兹奖得主获奖时的年龄:

29	39	35	33	39	28	33	35
31	31	37	32	38	36	31	39
32	38	37	34	29	34	38	32
35	36	33	29	32	35	36	37
39	38	40	38	37	39	38	34
33	40	36	36	37	40	31	38
38	40	40	38	37	40	39	37
30	40	34	36	36	39	35	37

请根据下面不同的分组方法列出频数分布表,画出频数分布直方图,比较哪一种分组能更好地说明费尔兹奖得主获奖时的年龄分布:

(1) 组距是 2,各组是 $28 \leqslant x < 30$,$30 \leqslant x < 32$,…;

(2) 组距是 5,各组是 $25 \leqslant x < 30$,$30 \leqslant x < 35$,…;

(3) 组距是 10,各组是 $20 \leqslant x < 30$,$30 \leqslant x < 40$,….

费尔兹奖是国际上享有崇高声誉的一个数学奖项,每 4 年评选一次,主要授予年轻的数学家. 美籍华人丘成桐(1949 年出生)1982 年获费尔兹奖.

图 3.23   截至 2022 年获菲尔兹奖的数学家年龄

【学生活动】观察数据,听教师讲解任务与分析提示,构建数据处理的思路与方法框架。

【设计意图】展示并初步分析年龄数据,帮助学生熟悉数据特征,明确数据处理的方向;布置任务,让学生明确学习目标,带着任务学习,提高学习的针对性和积极性。

(3)小组合作,处理数据

【教师活动】根据学生的学习能力、性格特点与知识基础,将学生分成小组,每组 4—6 人,鼓励小组成员分工合作。在学生合作过程中巡视各小组,关注学生的操作进展,及时为学生提供有针对性的技术指导与答疑。参考表 3.27 和表 3.28。

表 3.27   菲尔兹奖得主年龄分布统计表

序号	年龄(岁)	获奖人数

表3.28　菲尔兹奖得主研究领域分布统计表

序号	研究领域	获奖人数

【学生活动】小组成员在明确分工后,投入合作学习。组长负责统筹协调,关注整个数据处理过程,及时发现并解决问题,初步审核数据处理结果,确保数据的一致性与合理性。

【设计意图】合理分组能促进学生优势互补,培养团队协作能力。明确分工可充分发挥每个学生的特长,提高小组工作效率。巡视指导能及时解决学生遇到的问题,确保学生顺利完成任务,同时关注学生的学习过程,给予个性化的帮助。

(4)展示成果,分析讨论

【教师活动】小组代表展示制作的频数分布表和直方图,并详细说明选择该分组方法的理由、在数据处理过程中遇到的问题及解决方法,以及从图表中观察到的年龄分布特点与规律,如图3.24和3.25所示。在小组代表展示时,引导其他小组的学生认真倾听,并鼓励他们积极提出问题,发表自己的见解和建议[11]。

【学生活动】各小组代表讲解,其他小组成员认真倾听,将自己小组的工作成果与其他小组进行对比分析。

【设计意图】小组代表展示成果,给予学生展示自我的机会,增强学生的自信心和成就感。引导学生倾听、提问和发表见解,营造活跃的课堂氛围,促进学生之间的思想碰撞,培养学生的批判性思维和交流能力。

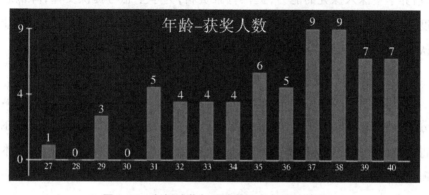

图3.24　各领域菲尔兹奖获奖者年龄统计图

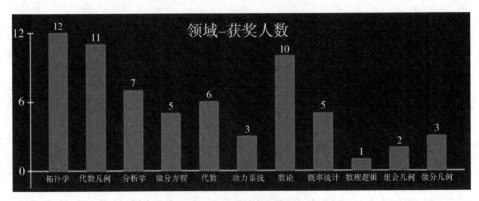

图 3.25　菲尔兹奖各领域获奖者人数统计图

（5）深入探究，拓展学科

【教师活动】引导学生深入思考菲尔兹奖得主年龄分布与数学研究发展的深层次关系。

提出问题："同学们，我们已经分析了菲尔兹奖得主的年龄分布情况，那为什么会这样分布呢？这与数学研究的难度、数学家的成长周期以及数学领域的发展趋势有怎样的内在联系呢？"

【学生活动】尝试从不同学科的角度进行分析，如：有的学生从心理学角度探讨了年龄与创造力的关系，认为年龄增长可能会带来经验的积累，但也可能会使人受到思维定式的限制，而年轻数学家可能更具创新活力；有的学生从教育学角度分析了数学教育体系的完善缩短了人才培养周期，为年轻数学家的成长提供了更好的条件[12]。

【设计意图】提出深层次的问题，引导学生思考年龄分布与数学研究的关系，培养学生深入探究的能力；提供背景资料，为学生思考提供支撑，降低思考难度；组织小组讨论并引导学生跨学科分析，培养学生的跨学科思维能力，让学生认识到数学与其他学科的联系。

（6）总结归纳，巩固提升

【教师活动】回顾本节课的主要内容，包括数据收集、整理与描述的方法，频数分布表和直方图的制作要点与分析技巧，不同分组方式的优缺点以及菲尔兹奖得主年龄分布的特点及其与数学研究的潜在关系。布置课后作业：按照本节课所学的方法处理和分析数据，并撰写一份详细的数据分析报告，报告中应包括数据来源、处理过程、分析结果、结论以及自己的思考和感悟。

【学生活动】与教师一起总结回顾,仔细梳理本节课的知识和方法,深刻反思自己在学习过程中的收获和不足。

【设计意图】回顾本节课的内容,帮助学生梳理知识体系,强化记忆;强调数据处理的严谨性,培养学生严谨的科学态度;评价学生的表现,肯定优点,指出不足并提出建议,让学生明确努力方向;布置课后作业,帮助学生巩固所学知识,提高自主学习能力、实践应用能力、创新思维能力和书面表达能力。

8.教学效果评估表

(1)学习态度评价(表3.29)

表3.29　学习态度评价

评价内容		自评	互评
学习常规	积极思考,完成课堂实践活动		
	认真听老师讲课,积极回答问题		
	认真听同学发言,主动找出同学与自己的观点的异同之处,发表自己的观点		
合作交流	主动与同学交流,采纳他人好的建议,发表自己的观点		
总分			

(2)知识性评价(表3.30)

表3.30　知识性评价

学习目标	新手	学徒	熟练	出色	完美	自评	师评
能够准确理解数据收集、整理与描述的基本概念和方法,熟练掌握频数分布表和直方图的制作步骤							
深刻理解平均数、中位数、众数等统计量的含义和计算方法							
熟练掌握不同的分组方式对数据分布展示的影响,能够根据数据的复杂特征和具体研究目的选择数据分组方法							

(3)技能性评价(表3.31)

表3.31　技能性评价

评价内容	熟练掌握	基本掌握	初步掌握	未掌握	自评	师评
能够熟练运用电子表格软件(如 Excel)进行数据录入、排序、统计和图表制作,操作熟练,能够快速解决软件使用过程中出现的各种常见问题						
能够准确使用绘图软件(如 GeoGebra)绘制高质量的频数分布直方图和其他统计图表,图表布局合理美观,坐标轴标注清晰、准确,数据显示准确无误,能根据需要美化和编辑图表						
能够在数据分析过程中,运用数学知识和逻辑思维解读和比较数据,准确提取图表中的各类信息						

(4)综合性评价(表3.32)

表3.32　综合性评价

评价等级	评价内容	自评	师评
优秀	深刻理解数据的收集、整理与描述知识,能够熟练运用相关技能解决各种实际问题,在课堂活动中表现优秀,展现出很强的数学应用意识、数据分析能力和很高的跨学科综合素养		
良好	对数据处理知识有较深入的理解,掌握基本的操作方法和技能,积极参加课堂活动,较好地完成各项任务,具有一定的数学应用意识和数据分析能力		
中等	对数据处理知识有一定的理解,能够完成一些简单的数据收集和整理任务,但在处理复杂数据和运用多种分组方式时存在一定的困难,数学应用意识和数据分析能力有待进一步提升		
待提高	对数据处理知识理解不够深入,在数据收集、整理和分析过程中频繁出错,不能有效运用所学知识解决实际问题,课堂活动参与度不高,数学应用意识较薄弱,数据分析能力较差		

9. 总结与反思

通过菲尔兹奖得主年龄数据研究,学生在数据收集、整理与描述方面的知识和技能得到有效锻炼。多数学生已掌握制作频数分布表和直方图的方法,理解不同分组方式的影响,达成了知识目标。在能力上,学生的数据处理能力显著提升,学生能独立完成从数据采集到图表制作的流程,还能处理数据缺失、异常值等问题。在素养方面,学生培养了严谨的科学态度,在处理数据时更注重准确性和完整性,了解到数学在科学研究中的重要性,拓宽了学科视野。

3.4　基于 STEAM 的初中数学拓展课教学案例

在初中数学教学中融入数学文化知识,能够帮助学生打破对数学的刻板印象,构建起一个从知识起源到发展应用的完整认知框架。以函数概念为例,通过追溯函数在天文学、物理学等领域的起源与演变,学生能够更好地理解函数如何从描述自然现象的工具逐渐发展为现代数学的重要分支,从而把握函数的本质,而非仅仅死记硬背函数的表达式和性质。数学文化还能激发学生探索的热情。例如,祖冲之在艰苦条件下精确计算圆周率的事迹,能让学生明白数学探索的道路充满挑战,但坚持与创新终将带来伟大的成就,激励学生在学习中勇于面对困难。

将 STEAM 理念与数学文化深度融入初中数学拓展课,为教学创新提供了广阔空间。在课程设计环节,教师充分挖掘数学文化中的跨学科元素,创设丰富多样的教学情境。比如在学习几何图形的对称性时,引入运用对称元素的艺术作品,如埃舍尔的镶嵌画,让学生从美学角度欣赏对称之美。结合对称建筑结构的稳定性分析,如故宫建筑群的布局,理解对称在工程设计中的实际价值;运用信息技术,借助动画演示图形对称变换的过程,使抽象知识可视化。这样,学生在数学文化营造的情境中,能够真切地感受到数学与科学、技术、工程、艺术千丝万缕的联系,拓宽学科视野,提升综合素养。

本研究精心挑选了"测算金字塔高度"和"行程问题中的函数图象分析"这两个典型课例,深入探索基于 STEAM 和核心素养的初中数学拓展课教学模式。这两个课例的实践与分析,将为广大教育工作者开展 STEAM 教学提供有益的参考,助力初中数学教学在融合创新中迈向新高度,培养更多具有跨学科思维能力和综合实践能力的学生。

案例 1:测算金字塔高度

1.案例介绍

本案例选自人教版数学九年级下册(六三学制)第 28 章《锐角三角函数》。锐角三角函数是初中数学知识体系的关键构成,在解析几何图形的边角关系、解决实际测量难题等方面占据核心地位。本案例选取金字塔高度测算这一实际问题,引导学生深入探究锐角三角函数的应用实践,促进学生将抽象的数学理论与丰富多彩的现实生活紧密相连,提升学生运用数学知识解决实际问题的实践操作技能与综合应用能力。利用锐角三角函数的原理,如正弦、余弦、正切函数在直角三角形中的关系,构建数学模型来解决实际的高度测量问题,能让学生深刻感受到数学在解决世界难题时的强大力量,同时激发学生对古代文明和数学历史的浓厚兴趣,拓宽学生的数学视野和文化素养。

在学生已经学习了锐角三角函数的基础定义、特殊角的三角函数值以及简单的解直角三角形的应用方法的前提下,本案例将知识应用拓展至金字塔高度求解场景。这一典型案例能够加深学生对三角函数知识的理解,帮助学生在面对实际问题时构建精准的数学模型,准确分析问题,高效解决问题,帮助学生深切体悟数学在历史文化传承、工程测量实践等领域的关键价值与重要作用,激发学生对数学的学习热忱与探索精神,为学生开启一扇通往数学应用世界的新大门。

本案例融入 STEAM 教育理念,强调跨学科融合与实践。学生不仅需要运用数学知识,还需要结合工程测量技术、物理原理以及历史文化背景,全面理解金字塔高度测算的复杂性。这种跨学科的学习方式,不仅能够培养学生的团队合作能力和创新思维,还能帮助他们深刻认识到数学在科学、工程、历史等领域的广泛应用前景与重要价值。

通过这一案例的学习,学生不仅能够提高解决实际问题的能力,而且能够激发对数学学习的兴趣与热情,为未来的学术研究和职业发展奠定坚实的基础。同时,案例中蕴含的历史文化元素也让学生在学习数学的过程中,感受到古代文明的智慧与魅力,进一步拓宽文化视野与数学素养[13]。

2. 课标要求

(1)运用锐角三角函数的定义与性质,解决诸如金字塔高度测算这类具有实际意义的测量问题,精准构建数学模型,清晰界定已知量与未知量之间的三角函数关系。

(2)能够在实际问题情境中准确选用三角函数公式,依据给定的已知条件精确计算,求解未知量,并对所得结果的合理性进行检验与解释,锻炼学生的数学运算能力与逻辑思维能力。

(3)通过积极参与解决实际问题的教学过程,深刻体会数学与历史、地理、工程等学科之间的紧密联系与深度融合,培养学生的跨学科思维能力与综合应用能力。

3. 学习目标

(1)知识目标:理解锐角三角函数在实际测量中的应用原理,利用三角函数求解三角形的边长。

(2)能力目标:依据实际问题构建数学模型,将实际问题转化为数学问题,提升数学抽象能力与建模能力。

(3)素养目标:培养数学应用意识与实践操作能力,切实认识到数学在解决现实世界问题方面的关键作用与重要价值。

(4)STEAM 素养目标:深入了解金字塔在历史文化长河中的重要地位、重要的文化意义以及独特的建筑工程特点,充分感受数学与历史、工程等学科交叉融合的魅力,拓宽知识视野与文化胸怀,加深文化底蕴,增强学科融合意识。

4. 教学重点与难点

(1)教学重点:利用已知的三角函数值与边长信息,掌握问题解决过程中的各类计算方法。

(2)教学难点:高效提取关键信息,构建正确的数学模型。

5. 跨学科知识点分布

本案例中的跨学科知识点,如表 3.33 所示。

表 3.33 本案例中的跨学科知识点

学科	知识点分布
数学	锐角三角函数的定义与应用(正弦、余弦、正切函数),直角三角形的边角关系与解三角形的方法,几何图形的性质与计算(金字塔的几何结构分析),数学建模与实际问题的解决(通过三角函数构建金字塔高度计算模型)
技术	使用测量工具(如测角仪、激光测距仪)进行实地测量,利用计算机软件(如 Geo-Gebra、Matlab)计算三角函数与构建模型,数据可视化技术,将测量结果以图表的形式呈现
工程	建筑工程的测量技术(如高度测量、角度测量),结构设计与稳定性分析(金字塔的几何结构与力学原理),工程建模与实际问题的解决(通过数学模型计算金字塔高度)
艺术	金字塔的美学设计与对称性分析(几何形状的艺术价值),数据可视化的艺术表现(将测量数据以直观、美观的图表形式呈现),古代建筑的艺术风格与文化意义(金字塔作为艺术与文化的象征)
科学	光的直线传播与测量原理(如利用太阳光测量高度),重力与物体稳定性的关系(金字塔结构的稳定性分析),古代建筑技术与材料科学(金字塔建造的历史背景与工程技术)

6. 条件准备

【所需物品】经纬仪模型、高精度的直尺、精准量角器、功能强大的计算器等专业测量工具和计算工具,金字塔的高清图片、精彩视频资料以及翔实的相关历史文化介绍文字。

【知识准备】复习锐角三角函数的基础概念、核心公式和特殊角的三角函数值,熟练掌握解直角三角形的一般步骤与常用方法。了解基本的几何图形性质和测量知识。

7. 教学过程

(1)情境导入,激发兴趣

【教师活动】播放一段关于金字塔的纪录片片段,展示金字塔雄伟壮丽的外观与神秘深邃的文化内涵。

探究问题 1:"同学们,在目睹了金字塔的巍峨身姿后,大家是否好奇,在古代科技相对落后、没有先进测量工具的情况下,人们怎样尝试测量如此高大宏伟的金字塔的高度呢? 今天,就让我们运用所学的数学知识,穿越时空,一同探寻这个神秘问题的答案。"如图 3.26 所示。

7. 如图，一座金字塔被发现时，顶部已经荡然无存，但底部未曾受损。已知该金字塔的下底面是一个边长为 130 m 的正方形，且每一个侧面与底面成 65°角，这座金字塔原来有多高（结果取整数）？

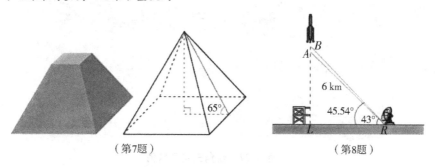

（第7题）　　　　　　（第8题）

图 3.26　计算金字塔的高度

【学生活动】学生对金字塔的高度测量问题产生了强烈的好奇心和浓厚的兴趣，议论纷纷。

【设计意图】播放金字塔纪录片片段，能以直观、震撼的方式吸引学生的注意力，激发学生对金字塔的兴趣。提出古代如何测量金字塔高度的问题，设置悬念，激发学生的好奇心和探索欲望。

（2）回顾知识，奠定基础

【教师活动】用直尺和粉笔在黑板上绘制一个标准的直角三角形，用不同颜色的粉笔标注其中一个锐角及其对应的对边、邻边和斜边，以直观形象的方式引导学生回顾锐角三角函数的定义。

探究问题 2："同学们，谁能准确说出正弦、余弦和正切函数的定义呢？它们的表达式是怎样的呢？"随后，随机抽取学生回答和背诵特殊角（如 30°、45°、60°）的三角函数值，及时点评和纠正学生的回答，确保学生对基础知识的掌握准确无误。

【学生活动】观察黑板上的直角三角形，回顾锐角三角函数的定义和特殊角的三角函数值，如图 3.27 所示。

【设计意图】通过绘制直角三角形引导学生回顾锐角三角函数的定义，随机抽取学生背诵特殊角的三角函数值，帮助学生巩固已学知识，强化记忆，确保学生在后续学习中能够顺利运用这些基础知识，增强学习的信心。

锐角三角函数 \ 锐角 A	30°	45°	60°
$\sin A$	$\frac{1}{2}$	$\frac{\sqrt{2}}{2}$	$\frac{\sqrt{3}}{2}$
$\cos A$	$\frac{\sqrt{3}}{2}$	$\frac{\sqrt{2}}{2}$	$\frac{1}{2}$
$\tan A$	$\frac{\sqrt{3}}{3}$	1	$\sqrt{3}$

图 3.27　锐角三角函数值

（3）分析问题,构建模型

【教师活动】展示金字塔,引导学生观察金字塔的形状和结构,启发学生将其抽象为一个四棱锥的几何模型。针对题目给出的关键信息,如金字塔底面是边长为 130 m 的正方形,每个侧面与底面成 65°角。

探究问题 3:"同学们,我们现在要解决金字塔高度的问题。大家想一想,如何根据这个四棱锥构建我们熟悉的直角三角形呢?"

鼓励学生大胆发表自己的见解,并组织学生进行小组讨论。如图 3.28 所示,金字塔的底面是正方形 $ABCD$,边长 AB 长 130 m。金字塔的高度(EO)是从底面中心到顶点的垂直距离,侧面与底面呈 65°角,因此,可以构建一个直角三角形 OEF。其中,底面中心到底面边缘的水平距离为底面边长的一半。[14]

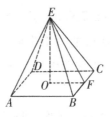

图 3.28　四棱锥中构建出直角三角形

【学生活动】观察金字塔的图形,积极参与小组讨论,尝试从不同的角度构建直角三角形模型,确定从顶点向底面中心作垂线构建直角三角形的最优方案。

【设计意图】引导学生观察金字塔的形状和结构并抽象为四棱锥,进而构建直角三角形模型,培养学生的数学抽象能力和建模能力。在小组讨论过程中,思维碰撞让学生学会从不同的角度思考问题,提高分析问题和解决问题的能力。教师适时地引导和启发,帮助学生找到解决问题的关键路径,理解模型构建的思路和依据。

(4)计算求解,实践操作

【教师活动】根据构建的直角三角形模型,引导学生确定已知量和未知量,帮助学生选择合适的三角函数公式进行计算。在学生计算过程中不断巡视各小组,密切关注学生的计算情况,及时发现问题并给予指导。提醒学生注意单位的一致性和计算的准确性,理解计算过程和原理,不要盲目依赖计算器。

在直角三角形 OEF 中,正切函数的定义为 $\tan \angle EFO = \dfrac{EO}{FO}$,代入已知条件,

得:$\tan 65° = \dfrac{h}{65}$,查表或使用计算器,得到 $\tan 65° \approx 2.1445$,代入计算得 $h \approx$ 139.39(m)。结果取整数:$h \approx 139$(m)。

【学生活动】在草稿纸上列出三角函数关系式,将已知数据代入关系式。小组成员积极分工协作,有的学生负责使用计算器计算三角函数值,有的学生负责仔细记录和整理数据。

【设计意图】引导学生分析计算结果的合理性,思考实际测量中可能出现误差的原因,培养学生的批判性思维能力和对实际问题的分析能力。通过小组讨论,让学生从多个角度思考误差的来源,增强学生对数学应用的理解力,培养学生严谨的科学思维。

(5)分析结果,探讨误差

【教师活动】引导学生深入分析结果,启发学生思考结果在实际情境中的合理性。

探究问题4:"同学们,我们计算出的金字塔高度是否与实际情况完全相符呢?在实际测量中可能会存在哪些因素导致误差呢?"

然后组织学生讨论,鼓励学生从测量工具的精度限制、测量方法的局限性以及金字塔本身在漫长岁月中可能出现的磨损和变形等多个方面全面思考和深入分析。参与到小组讨论中,与学生交流和互动,引导学生拓展思维,培养学生的批判性思维能力。如图 3.29 所示。

图 3.29　测量有误差

【学生活动】结合实际生活经验和所学知识,认真分析可能产生误差的原因。

【设计意图】引导学生分析计算结果的合理性,思考实际测量中可能导致误差的原因,培养学生的批判性思维能力和对实际问题的分析能力。通过小组讨论,让学生从多个角度思考误差的来源,增强学生对数学应用的理解力,培养学生严谨的科学态度。

(6)拓展学科,融合知识

【教师活动】讲解古代埃及人如何利用简单的工具和巧妙的方法测量大规模的建筑工程,如利用绳索和木桩测量角度和距离,让学生了解数学在古代文明发展进程中的关键作用,拓宽学生的历史文化视野。

利用影子测量金字塔高度的方法,背后隐藏着相似三角形的原理。古埃及人可能不一定像我们现在这样清楚地知道这个数学原理,但他们在实践中发现了这个巧妙的规律。杆子和它的影子构成了一个直角三角形,金字塔和它的影子也构成了一个直角三角形。因为太阳光是平行照射的,所以这两个三角形是相似的。相似三角形对应边的比例是相等的,这样就可以通过已知的杆子的长度和影子的长度,推算出金字塔的高度[15]。如图 3.30 和 3.31 所示。

图 3.30　利用影子测量金字塔的高度

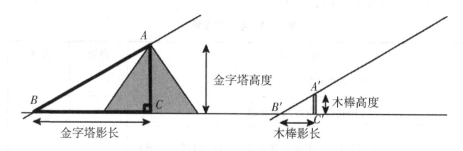

图 3.31　利用影子测量金字塔高度的原理

【学生活动】听教师讲解,对金字塔的历史文化和工程测量表现出浓厚的兴趣。

【设计意图】通过介绍金字塔的历史文化内涵和古埃及人的测量方法,拓宽学生的历史文化视野,让学生了解数学在古代文明发展中的作用,加深学生对数学文化价值的认识;引入现代工程测量知识并将其与古代的工程测量方法对比,展示科技进步对测量的影响,培养学生的工程意识和实践能力;展示计算机软件在模拟和计算中的应用场景,引导学生在课后探索,培养学生的技术应用能力和创新思维。

(7)总结归纳,巩固提升

【教师活动】与学生一起回顾本节课的主要内容,如锐角三角函数在金字塔高度测量问题中的应用方法、构建数学模型的关键步骤、计算过程中的注意事项以及跨学科知识拓展和融合的要点。提出类似的拓展问题,如测量高楼、山峰、大型桥梁等物体的高度或长度,让学生在课后深入思考和练习,巩固所学知识,提高应用能力,培养自主学习能力和知识迁移能力。

【学生活动】与教师一起总结和回顾所学知识,认真梳理本节课的知识和方法,总结自己在学习过程中的收获和体会。

【设计意图】回顾本节课的主要内容,帮助学生梳理知识体系,加深对锐角三角函数应用、模型构建、计算方法和跨学科知识的理解和记忆;强调数学的实用性,鼓励学生运用数学知识解决实际问题,培养学生的数学应用习惯和创新精神;提出拓展问题,让学生课后思考练习,巩固所学知识,提升应用能力,培养自主学习能力和知识迁移能力。

8.教学效果评估表

(1)学习态度评价(表3.34)

表3.34　学习态度评价

评价内容		自评	互评
学习常规	积极思考,完成课堂实践活动		
	认真听老师讲课,积极回答问题		
	认真听同学发言,主动找出同学与自己的观点的异同之处,发表自己的观点		
合作交流	主动与同学交流,采纳他人好的建议,发表自己的观点		
总分			

(2)知识性评价(表3.35)

表3.35　知识性评价

学习目标	新手	学徒	熟练	出色	完美	自评	师评
能够准确理解锐角三角函数的定义和性质,能熟练运用锐角三角函数解决金字塔高度测量问题,正确选择三角函数公式进行计算。当复杂条件发生变化时能迅速调整思路,正确解题							

续表3.35

学习目标	新手	学徒	熟练	出色	完美	自评	师评
熟练掌握特殊角的三角函数值,在计算过程中能够快速准确地代入使用,且计算结果准确无误。能清晰地阐述特殊角三角函数值的推导过程及在不同情境下的应用要点							
能够清晰地阐述构建直角三角形模型的依据和过程,准确识别模型中的已知量和未知量,能用数学语言准确、简洁、专业地描述,能深入分析和论证模型的合理性							

（3）技能性评价（表3.36）

表3.36　技能性评价

评价内容	熟练掌握	基本掌握	初步掌握	未掌握	自评	师评
能够熟练运用测量工具(如量角器、直尺)测量角度和长度,能根据测量数据准确构建几何模型,在操作过程中能精准控制误差,确保测量和建模的精度						
能够准确计算三角函数,包括使用计算器进行复杂的计算,能合理地分析和处理计算过程中的数据,能发现数据中的异常并进行有效修正,能总结计算技巧和规律						
能够运用计算机软件(如几何绘图软件)构建简单的金字塔模型和分析数据,提高问题解决的效率和准确性,能自主探索软件的高级功能,拓展应用场景						

（4）综合性评价（表3.37）

表 3.37　技能性评价

评价等级	评价内容	自评	师评
优秀	深刻理解锐角三角函数在实际问题中的应用,能够熟练运用相关知识和技能解决金字塔高度测量及类似的复杂问题		
良好	对锐角三角函数的应用有较深入的理解,掌握基本的解题方法和技能,积极参加课堂活动,较好地完成各项任务		
中等	对锐角三角函数的应用有一定的理解,能够解决一些简单的实际问题,但在解决金字塔高度测量这样的复杂问题时存在困难		
待提高	对锐角三角函数的理解不够深入,在解题过程中频繁出错,不能有效运用所学知识解决实际问题,课堂活动参与度不高		

9. 总结与反思

本次有关锐角三角函数的教学活动以金字塔高度测算为主题,将数学知识与实际问题深度融合,融入 STEAM 教育理念,旨在提升学生的综合素养。本次教学活动围绕金字塔高度测算开展教学,加深了学生对锐角三角函数定义、性质及特殊角函数值的理解与运用,帮助学生熟练求解相关边长,将实际问题转化为数学问题并求解。跨学科拓展通过介绍历史文化、工程测量知识和展示软件应用场景,丰富学生的知识储备,增强学生的跨学科意识。

案例 2:行程问题中的函数图象分析

1. 案例介绍

本案例选自人教版数学八年级下册(六三学制)第 19 章《一次函数》的拓展内容。一次函数作为初中数学知识体系的关键内容,在日常生活中应用广泛。设计这一拓展课程,旨在引导学生跨越理论与实践的鸿沟,加深对函数的概念和本质、图象的性质和特点的理解,提高学生运用数学模型解决实际问题的能力,全方位提升学生运用数学工具剖析和解决现实复杂问题的水平,为学生后续深入学习函数应用及数学建模知识打好基础。

在学生已初步掌握一次函数的基本表达式构建、图象绘制技巧以及简单的实际应用的基础上,本案例巧妙引入行程问题(如变速运动、中途停歇、往返行程等复杂多变的情境),引导学生抽丝剥茧般地剖析距离、时间和速度三者之间的函数关系,并借助直观形象的函数图象清晰地呈现这些抽象关系。本次教学活动着重培养学生从图象中敏锐捕捉关键信息、精准解读数据动态变化趋势的能力,使学生熟练运用函数知识求解各类实际行程问题,淋漓尽致地彰显数学知识在实际生活中的实用性与综合性特质,为学生开启通往更高阶的数学学习的大门,铺就坚实的思维基石。

基于 STEAM 理念的行程问题涉及多学科知识的交叉应用。例如:科学中的运动学原理可以帮助学生理解速度、时间和距离的关系;技术工具(如计算机软件)可用于绘制函数图象,直观地呈现数据变化趋势;工程思维则体现在通过建模优化行程方案,解决实际问题上;艺术元素则通过数据可视化将抽象的数学关系以直观、美观的方式呈现,增强学生的理解力和兴趣。STEAM 教学强调跨学科融合与实践操作,这与行程问题的复杂性和现实性高度契合。通过引入变速运动、中途停歇、往返行程等多样化情境,学生不仅能加深对一次函数的理解,而且能培养综合运用多学科知识解决实际问题的能力,提升数学素养,激发创新思维和团队合作精神。此外,STEAM 教学为学生提供了从理论到实践的全方位学习体验,帮助学生更好地理解数学在现实生活中的广泛应用,为学生未来深入学习函数应用、数学建模及相关学科奠定坚实的基础。

2. 课标要求

(1)能够运用一次函数的表达式、图象特征和性质规律解决行程问题。

(2)学会从给定的函数图象中精确地获取信息。

(3)能够根据实际行程问题的具体条件构建一次函数模型。

3. 学习目标

(1)知识目标:熟练掌握依据行程信息准确无误地确定函数表达式的方法。

(2)能力目标:面对实际问题时能调用函数知识进行计算和推理,并且能够阐述解题思路。

(3)素养目标:通过解决实际问题,增强数学应用意识,激发对数学学习的兴趣和自信心以及对数学知识的探索欲望,全方位地提高综合素养。

(4)STEAM 素养目标:将数学知识与物理学科中的运动学原理、工程领域中的行程规划策略以及技术范畴中的数据可视化手段紧密融合,深刻体会跨学科知识相互融合、相辅相成的应用魅力,拓展思维边界,提升跨学科思维能力和综合实践能力,培养适应现代社会发展需求的复合型人才。

4.教学重点与难点

(1)教学重点:识别问题中隐藏的函数关系,利用函数模型解决实际问题的一般方法。

(2)教学难点:如何列函数解析式,根据函数解析式解决问题。

5.跨学科知识点分布

本案例中的跨学科知识点,如表 3.38 所示。

表 3.38　本案例中的跨学科知识点

学科	知识点分布
数学	构建距离、速度、时间之间的函数关系式,绘制函数图象;从函数图象中提取关键信息,分析行程变化趋势;运用一次函数解决变速运动、中途停歇、往返行程等复杂问题
技术	使用计算机软件(如 GeoGebra、Excel)绘制一次函数图象,直观地呈现行程变化
工程	通过数学模型优化行程方案,解决实际问题,分析行程中的变量关系,构建动态模型,预测行程结果
艺术	通过图表、图象等形式将行程数据以美观、直观的方式呈现,用艺术化的方式展示行程问题的解决过程
科学	理解速度、时间和距离之间的关系,分析变速运动、匀速运动的特点,探讨行程中的能量消耗与力的作用

6.条件准备

【所需物品】绘图纸、直尺、铅笔、橡皮等绘图必备工具,有关实际行程问题的案例卡片或任务单(列出问题的背景、条件和要求),方便学生记录分析思路和计算过程。

【知识准备】复习一次函数的基础知识,熟练掌握函数表达式的确定方法、图象的规范绘制步骤、斜率和截距的深刻含义及实际应用。

7.教学过程

(1)复习旧知,巩固知识

【教师活动】布置练习题,随机抽取学生回答,检验学生的知识掌握情况。

练习 1：如图 3.32 所示，y_1，y_2 两条直线交于点 A，A 点的横坐标为 1500，请回答下列问题：

（1）当 $x =$ _____ 时，$y_1 = y_2$；（2）当 $x =$ _____ 时，$y_1 < y_2$；（3）当 $x =$ _____ 时，$y_1 > y_2$。

练习 2：已知函数 $y = -2x + 1$，当 $4 \leqslant x \leqslant 8$ 时，求 y 的最大值和最小值。

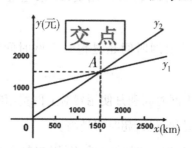

图 3.32　练习 1 图

【学生活动】回忆旧知并完成练习题。

【设计意图】通过练习题，引导学生进一步复习巩固一次函数的基本知识，为本节内容的探究学习奠定基础。

（2）自主探究，获得答案

探究问题 1：表 3.39 给出 A、B、C 三种宽带网络的收费方式，怎样选取上网收费方式？

表 3.39　三种宽带网络的收费方式

收费方式	月使用费/元	包时上网时间/h	超时费/(元/min)
A	30	25	0.05
B	50	50	0.05
C	120	不限时	

探究问题 2：在 A、B 两种收费方式中，什么因素影响上网费用？这些因素怎样影响上网费用？

探究问题 3：根据第一问，你认为选取哪种收费方式能节省上网费用？

【教师活动】引导学生探究问题 1，得出在 A、B 两种收费方式中，上网时间影响上网费用的结论。引导学生进一步探究上网时间如何影响上网费用，此时需要建立函数模型来表达时间与费用的具体关系。

引导学生理解并讲解探究问题 1 的答案：

①在 A 和 B 两种收费方式中,影响上网费用的主要因素有月使用费、包时上网时间和超时费。

• 月使用费:这是固定的基础费用,无论上网时间有多长,都需要支付。

• 包时上网时间:这是每月包含的免费上网时间。如果用户的上网时间未超过包时上网时间,则只需支付月使用费;如果超过,则需要支付额外的超时费。

• 超时费:当用户的上网时间超过包时上网时间后,超出部分按每分钟 0.05 元计费。

②上网时间、包时上网时间和月使用费对上网费用的影响。

• 上网时间:上网时间越长,超时费越高。

• 包时上网时间:包时上网时间越长,用户越不容易超时,从而减少超时费。

• 月使用费:月使用费越高,用户的基础费用越高,但如果包时上网时间足够长,整体费用可能更低。

引导学生理解并讲解探究问题 2 的答案:

为了节省上网费用,用户需要根据自己的实际上网时间选择合适的收费方式。具体分析如下:

①如果用户每月上网时间不超过 25 小时:选择 A 收费方式,因为月使用费最低(30 元),且上网时间未超过包时上网时间,无须支付超时费。

②如果用户每月上网时间在 25 小时到 50 小时之间,分别计算 A 和 B 的费用:

A 的费用 = 30 元 + (实际上网时间 - 25) × 60 × 0.05 元。

B 的费用 = 50 元(因为上网时间未超过 50 小时)。

比较两种方式的费用,选择费用较低的一种。

③如果用户每月上网时间超过 50 小时:选择 B 收费方式,因为月使用费较低(50 元),且包时上网时间较长(50 小时),超时费较少。

④如果用户每月上网时间非常长(例如超过 100 小时):考虑选择 C 收费方式,虽然月使用费较高(120 元),但不限时上网,无须担心超时。

【学生活动】观看视频,在教师提出问题后,参与讨论,回忆已学的行程问题知识和一次函数的初步概念,尝试用简单的数学语言描述视频中的行程情况。然而,由于教师提出的问题具有一定的开放性和综合性,学生的回答可能存在不够全面或不够准确的情况,但这恰好激发了学生的求知欲和探索精神。

【设计意图】通过这两道练习题,帮助学生巩固一次函数图象交点、函数值大小的比较以及函数在某一区间内的最值求解等基础知识,加深学生对一次函数基本性质的理解,提高学生的知识运用能力;引导学生回顾所学,为后续学习一次函数在行程问题中的应用做好知识铺垫,让学生更快地进入学习状态,顺利过渡到新知识的学习中。

(3)解读图象,做好铺垫

【教师活动】在教室的黑板或多媒体设备上展示一次函数图象(如一条倾斜的直线),引导学生回顾一次函数图象的基本要素。

探究问题3:“同学们,在这个图象中,横坐标代表时间 t,纵坐标代表离家距离 y。大家仔细观察直线的斜率,它蕴含着重要的信息哦,谁能回忆起斜率表示什么呢?还有图象与坐标轴的交点,也就是截距,又有什么特殊含义呢?”如图 3.33 所示。

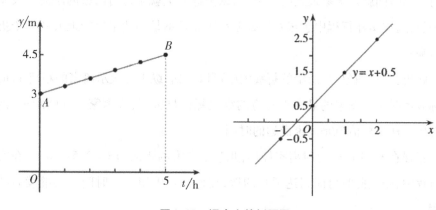

图 3.33　课本上的例题图

【学生活动】观察图象,在教师的引导下,回忆相关知识,举手回答问题。

【设计意图】展示一次函数图象并引导学生回顾图象的基本要素,如斜率和截距的含义,为后续准确解读行程问题中的函数图象奠定基础。通过循序渐进的问题引导,让学生逐步深入思考,培养学生观察图象、分析问题的能力,使学生能够更好地理解函数图象与实际情境之间的联系,提高学生对函数图象信息的提取能力和解读能力。

(4)剖析案例,深入探究

【教师活动】展示教材中有关行程问题的函数图象,如图 3.34 所示,并根据图象提出一系列层层递进、富有启发性的问题,引导学生深入剖析。

已知张强家、体育场、文具店在同一直线上. 下面的图象反映的过程是:张强从家跑步去体育场,在那里锻炼了一阵后又走到文具店去买笔,然后散步走回家. 图中 x 表示时间,y 表示张强离家的距离.

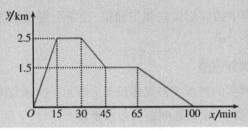

图 3.34　练习题

探究问题 4:这个人何时离家最远? 这时他离家多远?

引导学生思考以下问题:"同学们,请仔细观察图象的最高点,它在横坐标上对应的时间就是离家最远的时刻,而纵坐标的值就是此时离家的距离。大家想一想,这在实际行程中意味着什么呢? 比如是不是到达了目的地或者某个折返点呢?"

解析:观察图象,从所给的折线图中可以看到,纵坐标表示离家的距离 y,横坐标表示时刻。图象的最高点对应的纵坐标值最大,代表离家最远的距离;该点对应的横坐标值就是离家最远的时刻。

张强在 $x = 15(\min)$ 时离家最远,此时他离家的距离为 $y = 2.5(\mathrm{km})$。在实际行程中,张强此时可能到达了目的地,在该地点停留一段时间后再继续后续行程。

探究问题 5:他何时开始第一次休息? 休息多长时间? 这时他离家多远?

启发学生根据图象解决问题:"大家注意看图象中斜率为 0 的线段,这表示速度为 0,也就是处于休息状态。我们要确定它的起止时间,这两个时间点的差值就是休息的时长,而对应的纵坐标就是休息时离家的距离。大家能从图象上准确读出来吗?"

解析:寻找 15 min 后斜率为 0 的线段。在折线图中,斜率为 0 的线段表示速度为 0，即处于休息状态。

张强在 $x=15(\min)$ 时开始第一次休息。他休息了 15 min(x 从 15 平移至 30)。此时他离家的距离 $y=2.5(\mathrm{km})$。

探究问题 6：体育场离文具店多远？

引导学生思考问题："张强从家跑步 15 min 到体育场，休息 15 min 后即 30 min 时去文具店，45min 时到达文具店，那么怎么计算呢？"

解析：在图象上找到 30 min 对应的离家的距离值为 2.5 km，45 min 时离家的距离为 1.5 km。因此，体育场与文具店的距离为 $2.5-1.5=1(\mathrm{km})$。

探究问题 7：张强在文具店逗留了多少分钟？

适时引导："寻找 45 min 后斜率为 0 的线段。在折线图中，斜率为 0 的线段表示速度为 0，即处于休息状态。"

解析：张强 45 min 时到达文具店，在 65 min 前的线段斜率为 0，可见在文具店逗留的时间为 $65-45=20(\min)$。

探究问题 8：张强从文具店回家的平均速度是多少？

引导学生解题："首先我们要确定从文具店回家的时间段的起点和终点，然后找到对应的路程和时间，最后运用公式计算平均速度。"

解析：确定回家的时间段，起点为 65 min，终点为 100 min，总共花的时间 $t=35$ min，路程 $s=1.5$ km，因此，平均速度 $v=\dfrac{1500}{35}=\dfrac{300}{7}(\mathrm{m/min})$。

【学生活动】以小组为单位，围坐在一起，仔细观察图象，记录解题思路和过程。每个小组推选一名代表发言，详细地回答问题。

【设计意图】展示有关行程问题的函数图象案例并提出一系列问题，引导学生深入剖析图象，从不同的角度解读行程信息；让学生学会从函数图象中提取关键信息，如时间、距离、速度等，并运用这些信息解决实际问题；帮助学生掌握分析有关行程问题的函数图象的方法和技巧，培养逻辑思维能力、数学运算能力和解决实际问题的能力。

(5)构建模型，拓展应用

【教师活动】给出一些类似但更具开放性和挑战性的行程问题，例如："某人先以速度 v_1 行驶一段时间 t_1，然后加速到 v_2 继续行驶 t_2，接着减速行驶一段时间后到达目的地。已知总路程 s 和部分时间、速度信息，同学们尝试构建描述此行程的一次函数模型,并在绘图纸上绘制函数图象,记得标注清楚各个关键点和线段的含义哦。"在学生思考时巡视各小组,适时予以启发和指导,鼓励学生尝试用多种方法(如列方程、找等量关系、画线段图辅助分析)构建函数模型。

【学生活动】初步构建函数模型后,小组内积极交流解题方法和图象绘制过程,互相检查和评价,指出对方的优点和不足之处。

【设计意图】给出更具开放性和挑战性的行程问题,让学生构建函数模型并绘制图象,进一步提升学生运用一次函数知识解决实际问题的能力,培养学生的创新思维和实践能力,鼓励学生用多种方法解决问题,提升学生思维的灵活性和多样性。

(6)拓展学科,融合知识

【教师活动】引入物理中的运动学知识,如加速度的概念,通过生动形象的实例和动画演示,深入浅出地解释行程问题中的速度变化与加速度的紧密关系,引导学生从物理学角度更深入地理解行程问题中的速度变化情况,拓宽学生的知识视野。

【学生活动】提出疑问和独特的见解。

【设计意图】将数学知识与物理知识相融合,拓宽学生的知识视野,让学生理解数学在不同学科领域的应用和联系,培养学生的跨学科思维能力。介绍工程领域的行程规划案例,展示数学模型在实际工程中的应用,让学生认识到数学的实用性,激发学生学习数学的兴趣和动力。展示利用技术手段绘制和分析函数图象,引导学生课后运用技术工具,增强学生的技术应用意识和数据处理能力,让学生学会借助现代技术更好地学习数学。

(7)总结归纳,巩固提升

【教师活动】回顾本节课的核心内容,包括一次函数在行程问题中的应用方法、图象解读的关键技巧、函数模型构建的详细步骤以及跨学科知识的紧密联系等。同时,提出具有综合性和启发性的问题,鼓励学生在课后继续深入思考和积极探索,培养学生的自主学习能力和创新思维。

【学生活动】回顾自己在本节课中的学习收获和存在的不足之处,深刻反思自己的学习过程。

【设计意图】梳理知识框架,强化记忆,使学生对一次函数在行程问题中的应用有更系统的认识。总结解题错误和注意事项,避免学生在今后的学习中犯同样的错误,提高解题的准确性。提出综合性问题,鼓励学生课后探索,培养学生的自主学习能力和创新思维,让学生将数学学习延伸到课堂之外,进一步拓宽知识视野。

8. 教学效果评估表

(1)学习态度评价(表 3.40)

表 3.40　学习态度评价

评价内容		自评	互评
学习常规	积极思考,完成课堂实践活动		
	认真听老师讲课,积极回答问题		
	认真听同学发言,主动找出同学与自己的观点的异同之处,发表自己的观点		
合作交流	主动与同学交流,采纳他人好的建议,发表自己的观点		
总分			

(2)知识性评价(表 3.41)

表 3.41　知识性评价

学习目标	新手	学徒	熟练	出色	完美	自评	师评
能够准确解读行程问题中的一次函数图象,理解图象中的线段的斜率和截距的含义,准确识别转折点所代表的行程变化,并能用数学语言准确描述							
熟练掌握根据行程问题构建一次函数模型的方法,并正确确定函数表达式中的参数,能根据复杂的行程条件列出函数关系式							
能够运用函数知识准确计算行程问题中的各种数据,并对结果进行合理分析和解释,能结合实际情境说明计算结果的合理性							

(3)技能性评价(表 3.42)

表 3.42　技能性评价

评价内容	熟练掌握	基本掌握	初步掌握	未掌握	自评	师评
能够熟练运用绘图工具绘制行程问题中的函数图象,并准确标注图象的关键信息						
能够灵活运用数学方法解决复杂的行程问题						

(4)综合性评价(表 3.43)

表 3.43　技能性评价

评价等级	评价内容	自评	师评
优秀	能够熟练运用相关知识和技能解决各种实际问题,能够积极拓展思维,提出创新性的解题方法和思路,如将行程问题与其他学科知识进行深度融合,解决实际问题,且能将解题方法用于解决类似问题		
良好	掌握基本的解题方法和技能,较好地完成各项任务,具有一定的数学应用意识和跨学科素养,能够在教师的启发下解决较复杂的问题		
中等	能够解决一些简单的行程问题,但在解决复杂问题时存在困难,数学应用意识和跨学科素养有待进一步提高		
待提高	在解题过程中频繁出错,不能有效运用所学知识解决实际问题,课堂活动参与度不高,数学应用意识不强,跨学科素养不高		

9.总结与反思

本次教学活动以一次函数在行程问题中的应用为核心,紧密围绕课程标准与 STEAM 教育理念来开展,教学生正确解读行程问题中的函数图象,精准提取速度、时间、距离等关键信息,掌握构建一次函数模型解决行程问题的方法,提升代数运算能力与逻辑推理能力,增强数学应用意识,激发学习兴趣与自信心。

3.5　基于 STEAM 的初中数学应用题教学案例

应用题是培养学生应用能力和创新能力的重要抓手,历来备受数学教育者的重视[16]。目前,各个版本的初中数学教科书都以不同的方式和载体设置了大量的应用题:有的教材以独立课题"××的应用"的形式出现,有的教材以"探究"栏目的形式出现,有的教材在习题中以综合拓展题的形式出现。因此,从 STEAM 的视角开发初中数学应用题教学案例对拓展应用题教学的深度具有重要价值。

应用题教学不仅是数学知识的应用,更是培养跨学科思维的重要载体。通过 STEAM 理念的融入,可以将数学与科学、技术、工程、艺术等学科有机结合,帮助学生在解决实际问题的过程中,理解数学的应用价值,提升综合素养。例如:在科学领域,应用题可以融入物理中的运动学问题或化学中的浓度问题,帮助学生理解数学在科学研究中的工具性作用;在技术领域,可以利用 Excel、GeoGebra 等工具进行数据分析和可视化,加深学生对数学模型的理解;在工程领域,通过设计桥梁承重计算问题或建筑结构稳定性问题,可以培养学生的系统思维和问题解决能力;在艺术领域,可以通过黄金分割在绘画中的应用和图案设计的对称性问题,引导学生理解数学与艺术的紧密联系。

在教学过程中,教师应注重引导学生从多学科角度分析问题,培养学生的跨学科思维能力和创新能力;通过小组合作、项目式学习等方式,鼓励学生主动探索和解决问题。评价方面,可以采用多元化的评价方式,如项目报告、小组展示、实际操作等,全面评估学生的综合素养。基于 STEAM 的应用题教学案例,不仅能够提升学生的数学应用能力,而且能培养学生的跨学科思维能力和创新能力。通过将数学与科学、技术、工程、艺术等学科有机结合,学生能够在解决实际问题的过程中,深刻理解数学的应用价值,为未来的学习和生活奠定坚实的基础。

案例1:利用全等三角形测距离

1. 案例介绍

本案例属于人教版数学八年级上册(六三学制)第 12 章《全等三角形》第 2 节习题中的应用题内容。这一章有多个习题涉及生活中利用全等三角形测距离的具体应用。如图 3.35 所示,通过综合利用全等三角形的性质及"边边边""边角边""角边角"或"角角边"等判定定理,学生深刻体会到数学在各个领域的应用价值。本案例能够帮助学生建立用几何数学模型解决实际问题的观念,完善学生的模型概念,为学生以后学习几何应用知识奠定基础。

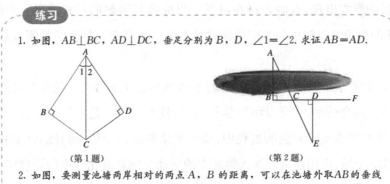

练习

1. 如图，$AB \perp BC$，$AD \perp DC$，垂足分别为 B，D，$\angle 1 = \angle 2$. 求证 $AB = AD$.

（第1题）　　　　　（第2题）

2. 如图，要测量池塘两岸相对的两点 A，B 的距离，可以在池塘外取 AB 的垂线 BF 上的两点 C，D，使 $BC = CD$，再画出 BF 的垂线 DE，使 E 与 A，C 在一条直线上，这时测得 DE 的长就是 AB 的长. 为什么？

图 3.35　利用全等三角形测距离

本节课是综合性课题，不局限于教材素材和知识点，以 STEAM 教育理念为理论基础，创设丰富的问题情境，使学生从生活和历史事件中发现数学问题，产生新的认知冲突，初步了解数学在生活中的应用。本节课采取问题式教学法和学生自主探究、操作发现、小组合作等学习方式，以问题促教学，以活动促发展；将 STEAM 教育理念贯穿于整个教学过程，设计丰富多样的教学活动，发展学生的科学素养、工程素养、艺术素养、数学素养以及 STEAM 能力素养，将数学核心素养与 STEAM 素养的要求真正落实到课堂的每个细节中，最终达到促进学生知识技能、问题解决能力和 STEAM 素养综合提升的目的。

2. 课标要求

本节课是初中几何的应用，涉及"图形与几何"中的"图形的性质"以及"综合与实践"两个部分的课标要求。

（1）掌握全等三角形的性质及判定定理，能够利用三角形全等的基础知识解决实际问题，体会数学与实际生活的联系。经历现实情境数学化，探索数学关系、性质与规律的过程，感悟如何从数学的角度发现问题和提出问题，逐步形成"用数学的眼光观察现实世界"的核心素养。

（2）运用数学与其他相关学科的知识，综合地、有逻辑地分析问题，经历建立模型、计算反思、解决问题的过程，提升思维能力，逐步形成"用数学的思维思考现实世界"的核心素养。

（3）发展符号意识、模型思想、几何直观和推理能力，激发创新性思维与应用意识,提高合作交流能力。

3.学习目标

(1)知识目标:掌握构建全等三角形的基本方法,掌握基本的尺规作图方法,探索用全等三角形测距离的实际应用。

(2)能力目标:通过多次实验,学会归纳总结构建全等三角形的基本方法。通过设计多种解决方案,激发创新活力,体会解决方法的多样性。

(3)素养目标:通过积极参加课内课外的学习活动,提高实践能力与合作能力,体会知识来源于生活又服务于生活的道理。借助图形理解和分析题意,初步建立几何直观。经历先猜想、后证明的过程,发展合情推理与演绎推理能力。

(4)STEAM 素养目标:经历发现问题、分析问题、设计方案的过程,发展工程思维与方案设计能力。增强创新思维能力和合作交流能力,形成良好的学习习惯和学习态度。形成严谨的数学思维,掌握基本的数学知识技能及数学思想方法。

4.教学重点与难点

(1)教学重点:利用三角形全等的性质解决实际问题。

(2)教学难点:全等三角形的构造方法。

5.跨学科知识点分布

本案例中的跨学科知识点分布[17],如表 3.44 所示。

表3.44　本案例中的跨学科知识点

学科	知识点分布
数学	全等三角形判定定理:SSS、SAS、AAS、ASA
技术	了解如何测碉堡距离、如何制作水准仪
工程	了解测量鹅卵石的距离
艺术	了解北京体育馆"鸟巢"的全等三角形知识
科学	了解全等三角形在军事和物理学中的应用

6.条件准备

【所需物品】多媒体设备、直尺、三角尺、鹅卵石。

【知识准备】系统复习全等三角形的相关知识,并熟练运用判定定理解决实际问题。了解"鸟巢"的全等三角形知识、测量鹅卵石的距离、如何制作水准仪等相关知识。

7.教学过程

(1)创设情境,引入新知

情境 1:播放 2008 年北京奥运会和 2022 年北京冬奥会的开幕式视频。

情境 2:展示开幕式场地——国家体育场"鸟巢"的图片。

【学生活动】观看视频,发表自己的观点,讲述该建筑的设计理念。

【教师活动】提出问题:有什么办法可以测出"鸟巢"体育场的实际宽度?

【设计意图】通过创设学生熟悉的北京奥运会情境,调动学生的认知经验,激发认知冲突,为新课的教学留下悬念,同时增强学生的民族自信心和自豪感。

(2)自主探究,感悟应用

探究活动 1:探究课本习题,初步感悟应用。

探究活动 2:展示我军战士炸碉堡的场景。

在一次战役中,我军阵地与敌军碉堡隔河相望,如图 3.36 所示。为了炸掉这个碉堡,需要知道碉堡与我军阵地的距离。在不能过河测量又没有任何测量工具的情况下,一名战士想了这样一个办法:如图 3.37 所示,他面向碉堡的方向站好,调整帽子,使视线通过帽檐正好落在碉堡的底部;然后,他转过一个角度,保持刚才的姿态,这时视线落在了自己所在岸的某一点上;接着,他用步测的办法量出自己与那个点的距离,这个距离就是他与碉堡间的距离。

图 3.36 场景图

【教师活动】引导学生利用学过的知识解释其中的道理,并请学生利用现有的道具,模拟展示战士测量距离的方法。接着引导学生分析帽檐到碉堡的距离、步行的距离;从实际问题中抽象出数学问题,画出相应的图并证明。

【学生活动】观察其他学生的演示,从所画的图中抽象出数学模型,如图3.37所示,体会转化的数学思想,利用三角形全等的条件证明构建的两个三角形全等。

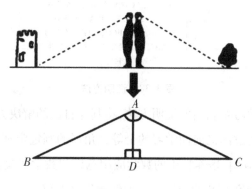

图3.37　场景图

【拓展】讲述全等三角形在军事及野外探测中的应用,拓展学生的课外知识。

【设计意图】通过引导学生自主阅读,锻炼学生的数学阅读能力和问题分析能力。同时,引导学生将实际问题转化为数学问题,体会数学转化思想。

(3)小组合作,综合建模

探究活动3:探究 ASA 与 SAS 的应用——测量鹅卵石的距离。

【教师活动】请学生拿出课前准备的鹅卵石,4人为一组合作探究,共同测量鹅卵石的长度和宽度,看看哪个小组想到的方法最多。最后,请小组代表分享讨论结果。

【学生活动】小组合作探究,利用直尺、三角板辅助画图,总结多种解决方案并证明。

【师生活动】共同总结常用的构造方法,如"八字延长法""垂直构造法""平行构造法",思考它们的使用条件。

【拓展】引入数学史知识,讲述古希腊哲学家泰勒斯(Thales)应用全等三角形的角边角定理,如图3.38所示,证明了海上轮船到海岸的距离,并展示具体的证明方法。

全等三角形的应用

希腊几何学鼻祖泰勒斯发现了角边角定理，并利用该定理求出了海上轮船到海岸的距离。

如左图所示，假设A为海岸观测点，B为轮船的位置。作AC⊥AB，取AC的中点D，过点C作AC的垂线，在垂线上取E使得B、D、E三点共线。利用角边角定理，证得△BAD≌△ECD，因此轮船到海岸的距离AB就是CE的距离。这种方法为后来土地丈量所广泛利用。

图 3.38　证明方法

【学生活动】学习泰勒斯的证明方法，将其与自己的解决方法进行比较。

【设计意图】通过回忆前面学习的全等三角形的判定定理，让学生巩固所学知识，并进行实际应用，培养学生的数学应用意识和数学建模意识。

探究活动4：探究 SSS 的应用——如何制作水准仪？

【教师活动】利用 PPT 展示水准仪的应用，如图 3.39 所示，解释古代水准仪的具体结构，并提出问题：如何利用"边边边"定理进行证明？

全等三角形的应用

水准仪在工程中具有重要作用。它可以用来测量物体在基准面上的垂直高度，进行道路测距，监测建筑变形情况等。

古代水准仪的形状是一个等腰三角形。顶点处悬挂一条铅垂线。测量时，调整底边的位置，如果铅垂线经过底边中点，就表明铅垂线垂直于底边，即底边是水平的。这就是"边边边"定理的应用。

图 3.39　水准仪的应用

【学生活动】了解古代水准仪的结构，并尝试应用"边边边"判定定理进行证明。

【设计意图】引导学生探索全等三角形"边边边"判定定理的应用，培养学生的数学应用意识，激发学生的兴趣与潜能，提升学生的工程素养。

(4)巩固练习，拓展迁移

练习1：完成教材中的相关习题。

练习2：回想课前测量"鸟巢"的问题,结合本节课的知识设计解决方案,并说出理由。

(5)回顾总结,升华认识

知识技能：掌握构造全等三角形的方法,如"八字延长法""垂直构造法""平行构造法"。

数学思想：理解转化思想、模型思想。

问题解决：发现问题、转化问题、构建模型、证明模型、解决问题。

(6)分层作业,巩固发展

必做作业：课后巩固练习题。

探究作业：测量升旗台的对角线长度。以小组为单位,利用本节课所学知识,设计测量升旗台对角线长度的策略,撰写解决方案及研究结果。

8.教学效果评估表

(1)学习态度评价(表3.45)

表3.45　学习态度评价

	评价内容	自评	互评
学习常规	积极思考,完成课堂实践活动		
	认真听老师讲课,积极回答问题		
	认真听同学发言,主动找出同学与自己的观点的异同之处,发表自己的观点		
合作交流	主动与同学交流,采纳他人好的建议,发表自己的观点		
总分			

(2)知识性评价(表3.46)

表3.46　知识性评价

学习目标	新手	学徒	熟练	出色	完美	自评	师评
掌握全等三角形的概念及性质							
能够运用"边边边""边角边""角边角"或"角角边"判定全等三角形,并说明理由							
理解转化思想和模型思想							

（3）技能性评价（表 3.47）

表 3.47　技能性评价

评价内容	熟练掌握	基本掌握	初步掌握	未掌握	自评	师评
能用简洁的语言说出复杂题目的要求,能说出自己的解决思路						
能用文字、图表等多种形式呈现问题内容,能从多种想法中找到合适的解决方法						
思考全面,从多个角度提供多种解决方案						

（4）综合性评价（表 3.48）

表 3.48　综合性评价

评价等级	评价内容	自评	师评
优秀	深刻理解全等三角形判定方法,灵活运用判定方法解决实际问题,展现出较强的数学应用意识和较高 STEAM 素养		
良好	对全等三角形判定方法有一定的理解,能够运用判定方法解决实际问题,展现出一定的数学应用意识和 STEAM 素养		
中等	基本理解全等三角形判定方法,具备一定的问题解决能力,但数学应用意识有待增强,STEAM 素养有待提高		
待提高	对全等三角形基本知识理解不够深入,问题解决能力缺乏,跨学科应用能力不足		

9. 总结与反思

本节课课前播放了开幕式视频,鼓励学生主动表达自己的想法,提高语言表达能力,增强民族自信心和自豪感。本次教学以"鸟巢"为主题,创设问题情境,抛出如何测量鸟巢的实际距离这一问题,激发学生学习数学的兴趣,提升学生的艺术素养;引导学生模拟展示测量距离的方法,将实际问题转化为数学问题,将文字语言转化为图象语言,锻炼学生的数学阅读能力、问题分析能力、动手操作能力,理解转化思想,丰富学生的科学知识,提升学生的科学素养;通过小组合作建模,帮助学生巩固所学知识并进行实际应用,增强学生的数学建模能力,提升工程素养;接着引入数学文化知识,丰富学生的知识结构,培养学生的艺术素养;最后通过练习使学生巩固所学知识,迁移应用全等三角形知识。总的看来,本次教学活动较好地将 STEAM 教育理念渗透到全等三角形的应用题教学中,为其他几何应用题教学做了铺垫。

案例 2:二次函数模型的综合应用

1. 案例介绍

本案例是人教版数学九年级上册(六三学制)第 22 章《二次函数》习题中的应用题内容,也是中考数学必考题型之一。这一章有多道习题涉及二次函数模型的具体应用,如图 3.40 所示,主要综合利用方程、函数、不等式、二次函数等代数知识解决现实问题,加强知识的复习应用,锻炼学生的综合解题能力。

 探究2

　　某商品现在的售价为每件 60 元,每星期可卖出 300 件.市场调查反映:如调整价格,每涨价 1 元,每星期要少卖出 10 件;每降价 1 元,每星期可多卖出 20 件.已知商品的进价为每件 40 元,如何定价才能使利润最大?

拓广探索

12. 如图,钢球从斜面顶端由静止开始沿斜面滚下,速度每秒增加 1.5 m/s.

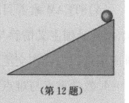

(1) 写出滚动的距离 s (单位:m) 关于滚动的时间 t (单位:s)的函数解析式.(提示:本题中,距离=平均速度 $\bar{v}$ × 时间 t, $\bar{v} = \dfrac{v_0 + v_t}{2}$,其中, v_0 是开始时的速度, v_t 是 t 秒时的速度.)

(第12题)

(2) 如果斜面的长是 3 m,钢球从斜面顶端滚到底端用多长时间?

图 3.40　二次函数综合应用题

　　本节课是综合复习课,不局限于教材素材和知识点,旨在提升学生的综合建模能力,促进学生问题解决能力与 STEAM 素养的综合发展。本案例结合 STEAM 教育理念,采取问题链式教学,以学生的实际生活为问题来源,帮助学生巩固知识的同时,加深对代数模型的理解,增强迁移应用能力,体会知识与生活的密切联系。通过自主探究和小组合作建模的学习方式,让学生增强学习的主动性,提高动手操作能力与沟通交流能力。通过设置教学活动,最终达到培养学生的科学素养(S)、艺术素养(A)、数学素养(M),锻炼学生的跨学科应用能力、信息识别能力与合作能力的目的。

2. 课标要求

(1)掌握二次函数相关知识,能够利用二次函数模型解决实际问题,体会数学与实际生活的联系。

(2)运用数学与其他相关学科的知识,经历建立数学模型、计算、反思、解决问题和检验的过程,提升思维能力和数学素养。

(3)运用数学语言,将现实问题转化为数学问题,经历用数学方法解决问题的过程,熟悉科学研究的过程与方法,了解数学在与其他学科融合过程中所彰显的功效,积累数学活动经验。

3. 学习目标

(1)知识目标:理解代数模型、数学建模的基本概念,掌握不同代数模型解题的一般方法,理解不同代数模型的区别和联系。

(2)能力目标:综合运用方程模型、函数模型、不等式模型解决实际问题。

(3)素养目标:体会知识的实用价值,增强数学应用意识;通过自主探究与小组合作,养成独立思考、积极合作的良好学习习惯。

(4)STEAM 素养目标:形成看待事物的辩证观念,收获丰富的人文科学知识,增强爱国主义情感与社会责任感,提高批判能力和信息识别能力,增强跨学科应用意识与合作交流能力,激发创新活力。

4. 教学重点与难点

(1)教学重点:运用代数模型综合解决实际问题。

(2)教学难点:理解数学建模过程。

5. 跨学科知识点分布

本案例中的跨学科知识点,如表 3.49 所示。

表 3.49　本案例中的跨学科知识点

学科	知识点分布
数学	一次函数,二次函数的定义、图形与性质,一元二次方程
技术	了解炮弹发射原理中的二次函数

续表 3.49

学科	知识点分布
工程	了解二次函数模型在环保工程中的应用
艺术	了解生活、电影及抗击新冠疫情中的二次函数相关知识
科学	了解二次函数在物理和生物模型中的应用

6.条件准备

【所需物品】多媒体设备。

【知识准备】系统复习一次函数、二次函数及一元二次方程的相关知识,并熟练运用相关知识进行数学建模。

7.教学过程

(1)情境创设,引入新知

【教师活动】带领学生复习方程问题、不等式问题、函数问题的解题思路与方法,回顾模型的应用和建立过程。引入数学模型、代数模型以及数学建模的概念。

情境1:展示教材中的相关二次函数的综合应用题。

情境2:播放抗击新冠疫情表彰大会视频,引起学生的情感共鸣,使学生体会和学习伟大的抗疫精神。提出与疫情防控相关的数学问题。

【学生活动】观看视频,回答问题,理解数学概念,体会数学的广泛应用价值。

【设计意图】通过学习伟大的抗疫精神,激发学生的家国情怀和学习动机,让学生体会数学与生活的联系,培养数学应用意识。

(2)自主探究,感悟应用

探究活动1:探究最少费用问题。

探究问题1:2020年1月,新冠疫情在武汉暴发。为控制疫情蔓延,缓解武汉医疗物资急缺问题,江西某单位购买甲、乙两种医用手套捐助武汉。已知甲种医用手套的零售价比乙种医用手套多6元,该单位以零售价的价格买了相同件数的甲、乙两种手套,分别花了900元和720元。

①甲、乙两种手套的零售价格分别是多少元?

②疫情防控进入常态化后,该单位需再次购买两种手套共300件,用于自

身疫情防控。已知甲、乙两种手套的成本价分别是 20 元/件、15 元/件,甲种手套的件数不少于乙种手套件数的三分之一。求甲种手套购买多少件时,所需资金总额最少? 最少总金额是多少元?

【教师活动】题目中有哪些关键词? 包含哪些数学模型? 需要注意哪些易错点?

【学生活动】仔细审题,独立思考后尝试解题,请两名学生到黑板上展示解题过程。

【设计意图】通过问题串的形式,引导学生阅读、审题、识别模型类型、思考解题易错点,调动学生已有的认知结构。

探究活动 2:探究最大利润问题。

【教师活动】播放央视纪录片(图 3.41),讲述时任浙江省委书记习近平在浙江湖州安吉考察时提出的"绿水青山就是金山银山"科学论断,引导学生深入认识这一重要思想,树立马克思主义辩证观念。

图 3.41　纪录片画面

【学生活动】观看纪录片,加深对环保理念的认识,提出具体可行的环保措施。

探究问题 2:为贯彻党的十九大报告中的"坚持人与自然和谐共生"理念,各地积极响应国家号召,大力开展环保工程项目。某环保节能设备制造企业为各项环保工程提供产品,该产品每套的生产成本不高于 50 万元,销售价格不低于 90 万元。已知该产品每月的销售量 x 与每套的销售价格 y_1 满足关系式 $y_1 = 170 - 2x$，每月的销售量 x 与生产成本 y_2 存在如图 3.42 所示函数关系。

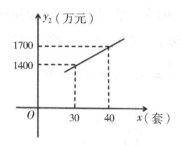

图 3.42　每月的销售量 x 与生产成本 y_2 的关系图

①写出生产总成本 y_2 与每月的销售量 x 之间的函数关系式。

②求每月的销售量 x 的范围。

③当每月销售量为多少套时，这种产品的利润 W 最大？最大利润是多少？

【教师活动】引导学生识图、读图、用图来求解函数关系式。引导学生寻找题目中的"不高于、不低于"等关键词，建立一元一次不等式组模型进行求解。引导学生思考利润的求解方法。

【学生活动】观察图象，利用待定系数法解题。仔细审题，分析所需的数学模型。根据 $y_2 \leqslant 50x, y_1 \geqslant 90$ 建立不等式组求解 x 的取值范围。思考利润的求解方法，根据总利润 = 销售总数 − 总成本，可由 $W = xy_1 - y_2$ 建立二次函数关系式求解最大值。

【师生总结】本题涵盖的数学模型有一次函数模型、一元一次不等式组模型、二次函数模型。问题②中需要注意 y_1、y_2 的含义，y_2 是生产总成本。因此，每套的生产成本不高于 50 万元的关系式应为 $\dfrac{500 + 30x}{x} \leqslant 50$。问题③中需要注意检验 x 的取值是否有意义。

【设计意图】引导学生分析题意，寻找题目中的关键词，发现"不低于""不高于"与不等式模型的关系，体会寻找解决不等式问题的破题点，提高学生的问题分析能力。同时，通过师生共同总结题目所应用的数学模型，让学生体会模型的实际应用价值。通过强调数学语言转化的准确性和模型检验的重要性，提升学生解题的严谨性。

探究活动 3：探究图象类问题。

【教师活动】播放《长津湖》电影片段,讲解抗美援朝时期的伟大历史事件及人物,引出问题。

探究问题 3:抗美援朝战争时期,中国人民志愿军利用迫击炮攻击远处山坡上的敌军。如图 3.43 所示,一架迫击炮从斜坡 O 点发射炮弹,炮弹飞行的轨迹可以用二次函数 $y = 4x - \frac{1}{2}x^2$ 表示,山坡可以用一次函数 $y = \frac{1}{2}x$ 表示。

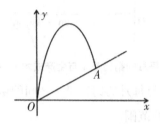

图 3.43　问题 3 的图象

①若炮弹的落点是 A,请你求出点 A 的坐标。

②求炮弹飞行过程中离山坡的最大高度。

【教师活动】这两个题分别用了哪些数学模型? 炮弹与坡面的高度差是哪一块,你能画出来吗? 怎么求解最大高度差,说一说你的想法。引导学生设置新变量高度 h,根据高度差 = 二次函数 − 一次函数,建立新的函数模型求解最大值。

【学生活动】观察图象,利用两个关系式建立方程模型求解交点的坐标。画出高度差,理清其中存在的数量关系,尝试建立新的函数模型并快速计算求解。

【师生总结】本题建立了方程模型和二次函数模型,强调列式过程的规范性和计算的速度及准确性。

【设计意图】通过引导学生观察图象,考查学生对二次函数的灵活运用能力及数学建模能力。通过让学生动手画图,直观地表示抽象的问题,培养学生发现问题的能力。

(3)小组合作,综合建模

探究问题 4:在一片海洋上依次有 A、B、C 三块浮标,甲、乙两人同时乘船出发。甲从 A 浮标乘快艇去 C 浮标,途经 B 浮标休息 1 分钟后,继续按原速乘快艇至 C 浮标。甲到达 C 浮标后,立即按原路原速返回 A 浮标。乙划船从 C 浮标前往 A 浮标。甲、乙两人距 A 浮标的距离 y(海里)与时间 x(分钟)之间的函数关系如图 3.44 所示。请结合图象解答以下问题：

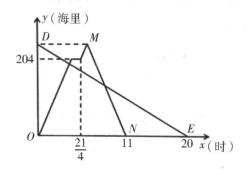

图 3.44　距离 y（海里）与时间 x（分钟）之间的函数关系

①甲乘快艇的速度为_____海里/时,点 M 的坐标为_____。

②求甲乘快艇返回时距 A 浮标的距离 y 与时间 x 之间的函数关系式(不需要写出自变量的取值范围)。

③请直接写出甲、乙两人出发后,在甲返回 A 浮标前,经过多长时间,两人距 B 浮标的距离相等。

【教师活动】4 人为一组,协作完成题目,并思考以下问题。请小组代表展示组内讨论结果,其他小组进行补充更正。图中每条线段和拐点分别表示什么含义？问题③中有什么数量关系？回忆之前所学的行程问题,你有什么解题思路？

【学生活动】分析各点和线段的实际意义,写出每道题的解题思路并完成解答。小组代表分享解题方案并在黑板上书写解题过程。

【师生总结】总结本题中一次函数模型和方程模型的建立方法,强调画线段图的重要性。总结分类讨论的具体过程,规范总结书写过程。

【设计意图】通过设置较复杂的问题,考查学生的审题、读图、分类讨论等综合能力,锻炼学生的沟通交流与归纳总结的能力。通过小组展示解题成果,让各小组相互评价、相互补充、相互讲解,培养合作交流、思维严谨的良好解题习惯[18]。

(4)拓展迁移,强化认知

探究活动 4：代数模型的跨学科应用。

探究问题 5：代数模型在物理中的应用。一个物体做匀变速直线运动,图象如图 3.45 所示,抛物线的顶点坐标为(2,10),已知匀变速直线运动的位移 $X =$

$v_0t + \dfrac{1}{2}at^2$，物体运动的速度公式 $v = v_0 + at$。试求：①该物体运动的位移公式；②5 s 末该物体的速度。

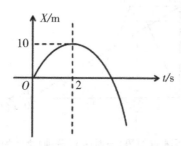

图 3.45　匀变速直线运动的图象

探究问题 6：代数模型在生物中的应用。在"植物 – 昆虫 – 鸟"食物链中，假设鸟的饮食中动物性食物的比例为 m，若鸟体重增加 x 至少要消耗植物的量为 y，且能量传递的最高效率为 20%，最低效率为 10%。根据以上信息你能提出什么问题？

【设计意图】通过展示二次函数模型在物理、生物中的实际应用，丰富学生的科学知识，体会数学与其他学科的联系，培养学生的数学跨学科思维和知识迁移能力。通过让学生提出新问题，激发学生的应用创新能力。

(5)回顾总结，升华认识

【教师活动】总结方程模型、不等式模型、函数模型用于解决实际问题时是密不可分的，它们各有各的特点，掌握这些特点可以帮助我们选择恰当的代数模型来解决问题。

【学生活动】从知识经验、思想方法、问题解决、情感态度四个方面分享感想、总结本节课的收获。

(6)分层作业，巩固发展

必做作业：教材中的练习题。

探究作业：生活中还有哪些可以利用二次函数模型解决的实际问题，你能发现并解决这些问题吗？下节课分享你的成果。

8.教学效果评估表

(1)学习态度评价(表3.50)

表 3.50　学习态度评价

	评价内容	自评	互评
学习常规	积极思考,完成课堂实践活动		
	认真听老师讲课,积极回答问题		
	认真听同学发言,主动找出同学与自己的观点的异同之处,发表自己的观点		
合作交流	主动与同学交流,采纳他人好的建议,发表自己的观点		
	总分		

（2）知识性评价（表 3.51）

表 3.51　知识性评价

学习目标	新手	学徒	熟练	出色	完美	自评	师评
理解所学数学模型的含义与意义,能依据题目要求,应用基本的数学模型							
掌握基本的数学概念和代数模型的解题方法							
理解分类讨论、数形结合的数学思想							

（3）技能性评价（表 3.52）

表 3.52　技能性评价

评价内容	熟练掌握	基本掌握	初步掌握	未掌握	自评	师评
理解问题的背景,知道题目的所有条件和要求,能剥离出有效信息,知道问题解决所需要的知识						
能够调动多学科的知识技能与思想方法,综合解决问题						
思考全面,能从多个角度提供多种解决方案						

（4）综合性评价（表 3.53）

表 3.53 综合性评价

评价等级	评价内容	自评	师评
优秀	深入理解二次函数的相关知识,灵活运用相关知识进行数学建模,展现出较强的数学应用意识和较高的 STEAM 素养		
良好	对二次函数的相关知识有一定的理解,能够运用相关知识进行数学建模,展现出一定的数学应用意识和 STEAM 素养		
中等	基本理解二次函数知识,具备一定的数学模型意识,但数学应用意识和 STEAM 素养有待提高		
待提高	对二次函数知识理解不够深入,数学建模能力缺乏,跨学科应用能力不足		

9. 总结与反思

本案例以新冠疫情作为情境导入,将当下的实际问题与数学知识结合起来,使学生更重视知识学习,增强学生的数学应用意识;通过学习抗疫英雄的伟大事迹,增强学生的家国意识与社会责任感,提升学生的人文素养;通过引入生态文明建设理念,增强学生的环保意识;通过树立新型的环保观念,增强学生的辩证思维能力;引入学生感兴趣的电影话题,向学生讲述抗美援朝时期的伟大历史故事,在激发学生学习兴趣的同时加强德育教育;突出"分类讨论""数形结合"的数学思想,提升学生的数学思维;展示代数模型在物理、生物中的实际应用,丰富学生的科学知识,使学生体会数学与其他学科的密切联系,增强学生的跨学科应用意识。总的看来,本次教学活动较好地将 STEAM 教育理念渗透到二次函数模型的应用题教学中,为其他数学模型教学提供了参考。

参考文献

[1]中华人民共和国教育部.义务教育数学课程标准:2022 年版[M].北京:北京师范大学出版社,2022.

[2]黄要纲.积累数学活动经验 提升数学核心素养:以"黄金分割数"为例[J].中学数

学,2022(16):41-42.

[3]张维忠,胡姣灵.基于 STEAM 理念的数学文化项目学习设计:以"找寻中式古建冠冕中的数学"为例[J].中学数学杂志,2024(10):15-20.

[4]李彦萱.初中数学跨学科项目式教学案例的设计与实施研究:以"平面图形的镶嵌"为例[D].北京:中央民族大学,2023.

[5]罗悠.基于项目式学习的初中数学"统计"教学设计研究[D].重庆:重庆师范大学,2023.

[6]杨翠丽.初中数学概念教学的"PACI"模式建构与实践:以"旋转对称图形与中心对称图形"为例[J].数学教学,2024(10):35-40.

[7]杨海莲.旋转之魅力:探寻初中数学中图形变化的奥妙[J].初中生辅导,2021(36):46-55.

[8]赵亚军.提升探究式学习有效性的思考:以"图形的旋转"学习为例[J].数学之友,2019(4):41-43.

[9]王宗信.撷谈数据的收集、整理与描述[J].中学生数理化(七年级数学),2024(Z2):8-10.

[10]杨舜芳.数学思想在初中数学教学中的应用:以"数据收集、整理与描述"教学实践与反思为例[J].新课程,2024(11):82-84.

[11]慕容秀玲.新课程视角下初中数学教学中的德育渗透:以"数据的收集、整理与描述"为例[J].新教育,2024(4):48-50.

[12]王宗信."数据的收集、整理与描述"学习指导[J].中学生数理化(七年级数学),2021(Z2):9-10.

[13]张悦.核心素养导向下锐角三角函数单元教学设计及实施研究[D].昌吉:昌吉学院,2024.

[14]刘培杰.情境启发探究,合作促进创新:以"锐角三角函数"的教学为例[J].数学教学通讯,2024(14):28-30.

[15]游青青.基于 STEAM 教育理念的高中三角函数教学案例设计[D].漳州:闽南师范大学,2024.

[16]何小亚.数学应用题教学的实践与思考[J].数学通报,2000(4):35-37.

[17]谭佳玥.基于 STEAM 教育理念的初中数学应用题教学策略研究与实践[D].济南:济南大学,2022.

[18]杨建生.基于 STEAM 教育理念的初中数学应用题教学策略研究[J].数学教学通

讯:2023(29):69 - 71.

[19]人民教育出版社课程教材研究所中学数学课程教材研究开发中心.义务教育教科书数学:八年级[M].北京:人民教育出版社,2013.

[20]人民教育出版社课程教材研究所中学数学课程教材研究开发中心.义务教育教科书数学:九年级[M].北京:人民教育出版社,2014.

[21]人民教育出版社课程教材研究所中学数学课程教材研究开发中心.义务教育教科书数学:七年级[M].北京:人民教育出版社,2012.

第四章　STEAM 与初中数学混合式教学案例

STEAM 教育是一种综合性教育。因此,只有将 STEAM 教育与多种教育要素融合才能更好地培养学生的创新精神和综合能力。鉴于此,本章基于 STEAM 与核心素养和信息技术融合视角开发初中数学教学案例,探究在培养学生核心素养目标下,如何借助信息技术的力量,推动 STEAM 教育目标在初中数学教学实践中落地。

4.1　基于 STEAM 和核心素养的初中数学混合式教学案例

《义务教育数学课程标准(2022 年版)》明确指出,通过义务教育阶段的数学学习,学生会用数学的眼光观察现实世界,会用数学的思维思考现实世界,会用数学的语言表达现实世界。[1]传统教学侧重于知识的机械灌输与技能的反复训练,而数学核心素养的培育则着眼于学生数学思维的深度塑造、综合能力的全面进阶以及数学观念的系统构建。事实上,数学作为基础学科与其他学科紧密相连,这为 STEAM 理念与数学学科核心素养的融合提供了内在逻辑支撑。初中生思维活跃,好奇心强,对跨学科学习有较高的接受度,积极参加融合教学活动。因此,开发 STEAM 和核心素养融合的教学案例,能够为初中数学核心素养的培养提供有力支撑。

案例 1:基于蜂巢正六边形绘制角

1.案例介绍

本案例紧扣人教版数学七年级上册第 6 章第 3 节角的概念相关内容,帮助学生复习与应用角的度量、分类等基础知识。绘制正六边形时,学生需先计算其内角角度,利用多边形内角和公式 $(n-2) \times 180°$ 算出正六边形内角和为 720°,得出每个内角为 120°。在此过程中,特殊角的知识被激活,学生要思考如何利用三角尺上的 60°角构造出 120°角。这不仅增强了角的度数计算能力,而且帮助学生理解不同角之间的数量关系,将零散的角的知识串联成体系,为后续角的绘制提供知识支撑。

通过绘制正六边形,全面渗透数学学科核心素养。绘制正六边形时,学生需借助逻辑推理,从内角计算到绘制步骤设计,每一步都要有清晰的逻辑依据,可锻炼推理能力。观察正六边形的图形特征和空间排列,有助于提升学生的空间观念,使其在脑海中构建图形的二维和三维形态[2]。

事实上,蜂巢的正六边形结构蕴含着生物学奥秘。学生探究发现蜜蜂选择这种结构是为了实现空间利用最大化和节省材料。这一发现充分彰显了数学在解释自然现象中的关键作用,激发了学生对科学与数学交叉领域的兴趣。

2. 课标要求

(1)通过尺规作图等直观操作方法,理解平面图形的性质和关系。掌握正六边形内角计算方法及绘制原理推导过程,在操作中依据步骤准确绘制图形。

(2)运用角的知识解释蜂巢的结构等实际问题,感受数学在工程、生物、艺术等领域的应用价值,增强应用意识和创新意识。

3. 学习目标

(1)知识目标:熟练掌握角的定义、表示、度量及换算,理解正六边形内角的计算依据,精准把握利用工具绘制正六边形的几何原理。

(2)能力目标:能够灵活运用角的知识进行逻辑推理与运算,熟练运用三角尺和圆规绘制图形,培养抽象能力、推理能力、几何直观等核心素养。

(3)素养目标:养成用数学的眼光观察现实世界、用数学的思维分析和解决实际问题的习惯,增强数学应用意识。

(4)STEAM 素养目标:引导学生探究蜂巢的结构,了解正六边形在学科中的应用,提高跨学科综合思维能力与创新实践能力。

4. 教学重点与难点

(1)教学重点:正六边形内角的计算,运用三角尺和圆规绘制正六边形。

(2)教学难点:角在图形构建中的动态联系。

5. 跨学科知识点分布

本案例中的跨学科知识点分布,如表4.1所示。

表 4.1　本案例中的跨学科知识点

学科	知识点分布
数学	角的度量计算,绘图原理,图形对称与角的关系
技术	用几何画板绘制正六边形及其操作技巧
工程	正六边形在建筑中的应用优势
艺术	正六边形的美学价值及应用
科学	正六边形结构的生物学原理

6.条件准备

【所需物品】不同规格的三角尺、圆规、量角器、直尺、铅笔、橡皮擦、绘图纸、蜂巢实物模型、蜂巢的图片、多媒体设备。

【知识准备】复习角的知识,熟悉三角尺和圆规的操作规范。

7.教学过程

(1)回顾知识,引入课题

【教师活动】通过多媒体设备展示一系列角的图形示例,引导学生回顾角的定义、表示方法和特殊角的度数。

提出问题:"在我们生活中,有哪些常见的几何图形是由角构成的呢?"引导学生思考并举例。随后展示蜂巢的图片,引出本节课的主题:利用三角尺和圆规绘制正六边形,并探究角的知识。

【学生活动】观察蜂巢的图片,思考正六边形与角的关系。

【设计意图】通过知识回顾,巩固学生已有的角的知识,为后续学习绘制正六边形做好铺垫。将生活中的蜂巢实例引入课题,能够激发学生学习的兴趣和探究的欲望,使学生自然地进入学习状态。

(2)观察分析,探究原理

环节 1:正六边形内角分析

【教师活动】在黑板上画出正六边形,如图 4.1 所示,引导学生观察其内角的特点。

提问:"正六边形的内角和是多少度? 每个内角又是多少度呢?"引导学生回忆多边形内角和公式 $(n-2) \times 180°$(n 为边数),计算出正六边形内角和为 $720°$,进而得出每个内角为 $120°$。进一步提问:"如何利用我们学过的角的知识,如特殊角,来构造出 120°角呢?"

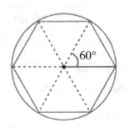

图 4.1 正六边形

【学生活动】在教师的引导下积极思考并计算正六边形的内角和与每个内角的度数。分组讨论如何构造 120°角,尝试利用三角尺上的 60°角通过拼接或其他方法得到 120°角,并向全班汇报讨论结果。

【设计意图】通过引导学生自主计算正六边形的内角,加深学生对多边形内角和公式的理解,培养学生的逻辑推理能力。让学生思考构造 120°角的方法,将新知识与旧知识(特殊角)联系起来,提高知识迁移和应用能力。

环节 2:讲解绘制原理

【教师活动】结合学生的讨论结果,详细讲解利用三角尺和圆规绘制正六边形的原理:首先,用圆规画一个圆,圆的半径决定了正六边形的边长;然后,利用三角尺在圆上构造出 60°角(或 120°角),多次截取等长的弧,连接这些点就可以得到正六边形。在讲解过程中,强调每一步所涉及的角的知识和几何原理,如圆的半径相等导致所截取的弧对应的弦长相等,从而保证正六边形的六条边相等。

【学生活动】认真聆听教师讲解,仔细观察教师的示范操作,记录绘制步骤和原理,初步理解利用工具绘制正六边形的方法和依据。

【设计意图】通过详细的原理讲解和示范操作,让学生明白绘制正六边形的数学依据,培养学生的几何思维和严谨的学习态度,为学生后续自主绘制图形提供理论支持。

(3)实践操作,绘制图形

【教师活动】在学生分组操作时巡视各小组,及时发现学生在绘制过程中出现的问题,如圆规使用不规范、角度构造不准确等,并给予指导和纠正。鼓励学生在小组内相互交流、合作,共同绘制正六边形。

【学生活动】按照教师讲解的步骤,利用三角尺和圆规在绘图纸上绘制正六边形。在绘制过程中,小组成员相互讨论、协作,遇到问题及时请教教师或同学,不断调整和完善绘制过程,力求绘制出准确的正六边形。

【设计意图】通过实践操作,让学生亲身体验利用工具绘制正六边形的过程,提高学生的动手实践能力和团队协作能力。在实践中发现问题并解决问题,有助于学生更深入地理解绘制原理和角的知识的应用。

(4)展示交流,总结提升

环节 1:小组展示成果

【教师活动】各小组选派代表将绘制好的正六边形展示在黑板上或投影仪上,向全班同学介绍本小组绘制正六边形的过程和遇到的问题及解决方法,重点阐述在绘制过程中如何运用角的知识来保证图形的准确性。

【学生活动】小组代表展示作品,详细讲解绘制过程,其他小组成员认真倾听,对比别的小组和自己小组的绘制情况,思考不同方法的优点和缺点,积极提问和发表意见。

【设计意图】通过小组展示和交流,为学生提供一个展示自我和相互学习的平台,让学生从不同的绘制方法和思路中获得启发,进一步加深学生对正六边形绘制原理和角的知识的理解,培养学生的表达能力和批判性思维。

环节 2:教师总结评价

【教师活动】对各小组的展示进行总结和评价,首先肯定学生在绘制过程中表现出的创新之处;然后,针对学生普遍存在的问题进行集中讲解和强化训练,教学生如何准确使用圆规和三角尺、如何避免在角度计算和图形连接过程中出现错误等;最后,再次强调正六边形绘制过程中所涉及的角的知识要点和几何原理,引导学生回顾和总结本节课学习的内容。

【学生活动】认真听教师总结评价,记录自己需要改进的地方和重要的知识点,对本节课学习的内容进行梳理和反思,进一步巩固所学知识和技能。

【设计意图】教师的总结评价能够帮助学生梳理自己的学习成果和不足之处,为学生指明改进的方向。通过回顾和总结,帮助学生巩固重点知识和技能,提升学生的学习效果。

(5)科学探究,学科融合

【教师活动】展示蜂巢的实物模型或详细的结构图片,如图 4.2 所示,引导学生观察蜂巢中的六边形巢室的排列方式和连接结构。

提出问题:"为什么蜜蜂会选择建造正六边形的巢室呢? 这种结构有什么优势呢?"引导学生从工程角度(如空间利用率、材料利用率等方面)和生物学角度(如蜜蜂的生存需求、行为习性等方面)进行思考和讨论。

图 4.2 蜂巢

【学生活动】仔细观察蜂巢的结构,分组讨论,结合所学的数学知识和已有的生物学知识,尝试从不同的角度分析蜂巢正六边形结构的合理性和优势,如正六边形可以紧密排列,最大限度地利用空间,同时可以节省材料等。每个小组选派代表向全班汇报讨论结果,其他小组补充和提问。

【设计意图】通过探究蜂巢结构的奥秘,将数学与工程建造、生物学联系起来,让学生了解数学在自然科学中的重要应用,拓宽学生的知识视野,培养学生的跨学科思维和科学探究精神。

(6)布置作业,应用技术

【教师活动】布置作业:分组合作,借助几何画板绘制正六边形。

【设计意图】通过利用几何画板绘制正六边形,提升学生的信息技术素养。对比手工绘制和软件绘制的步骤,加深学生对正六边形绘制原理的理解,培养学生的技术应用能力和创新思维。

8.教学效果评估表

(1)学习态度评价(表 4.2)

表4.2 学习态度评价

	评价内容	自评	互评
学习常规	积极思考,完成课堂实践活动		
	认真听老师讲课,积极回答问题		
	认真听同学发言,主动找出同学与自己的观点的异同之处,发表自己的观点		
合作交流	主动与同学交流,采纳他人好的建议,发表自己的观点		
	总分		

（2）知识性评价（表4.3）

表4.3 知识性评价

学习目标	新手	学徒	熟练	出色	完美	自评	师评
准确说出正六边形的内角和及每个内角的度数,熟练掌握利用特殊角构造120°角的方法							
能清晰地阐述正六边形绘制过程中所涉及的角的知识和几何原理							

（3）技能性评价（表4.4）

表4.4 技能性评价

评价内容	熟练掌握	基本掌握	初步掌握	未掌握	自评	师评
使用三角尺和圆规绘制正六边形,图形规范、美观,且能在规定时间内完成						
运用几何画板绘制正六边形,掌握软件的基本操作技巧和绘图功能						

（4）综合性评价（表4.5）

表4.5 综合性评价

评价等级	评价内容	自评	师评
优秀	正六边形绘制和相关知识学习表现出色,积极参加各项活动,具有较强的动手实践能力、推理能力和空间观念,展现出较高的综合素养和较强的跨学科思维能力		

续表 4.5

评价等级	评价内容	自评	师评
良好	较好地掌握了正六边形绘制的知识和技能,愿意参加活动和小组讨论		
中等	基本掌握了正六边形绘制的知识和技能,能完成基本的学习任务		
待提高	正六边形绘制的知识和技能掌握不足,课堂活动表现不积极		

9. 总结与反思

本次教学活动以绘制正六边形为依托,深度融合 STEAM 理念,通过计算正六边形的内角和以及绘制图形,促使学生对角的理解和运用更加熟练,提高学生的推理能力与运算能力。在整个数学活动中,学生能够了解到蜂巢结构的生物学奥秘、工程建造的原理,并掌握运用几何画板绘制正六边形的技巧,提升信息技术素养。

案例 2:丰富多彩的正方形

1. 案例介绍

"丰富多彩的正方形"是人教版八年级下册(六三学制)第 18 章《平行四边形》第 2 节中的"实验与探究"内容,是学生在系统学习了平行四边形、矩形和菱形之后要学习的重要内容。从知识体系的构建来看,它是对特殊平行四边形知识的总结与升华。正方形不仅具备平行四边形对边平行且相等、对角相等、对角线互相平分的性质,还具有矩形四个角都是直角以及菱形四条边都相等、对角线互相垂直的特性。通过对正方形知识的深入探究,学生不仅能加深对四边形知识体系的理解,而且能培养观察、分析、推理及空间想象等多方面的能力。此内容在几何学习中起着承上启下的作用,为相似图形、圆等知识的学习奠定基础。

课程标准对正方形知识的学习有明确要求,通过探究正方形的性质和判定,可提升学生的逻辑推理素养。从观察、猜想到通过严谨的证明得出结论这个过程,使学生掌握科学的探究方法,领悟数学的严谨性。正方形在现实生活中应用广泛,如建筑设计、图案绘制、家居装饰等领域。正方形知识的学习能够让学生更好地理解数学与生活的紧密联系,增强数学应用意识。另外,将实际生活中的问题抽象为数学模型,运用正方形知识解决问题,有助于提高学生解决实际问题的能力,为今后的学习和生活奠定坚实的数学基础。

本案例深度融合 STEAM 教育理念,旨在全面提升学生的综合素养。课堂导入环节展示大量包含正方形元素的建筑、艺术作品、生活用品图片,引导学生观察并分享对正方形的直观感受,从而引出本节课的主题。随后,学生在教师的引导下,从边、角、对角线等方面回顾正方形的性质,并通过实际测量、折纸等操作进行验证,加深对正方形性质的理解。在探究两个有关正方形的实验时,充分鼓励学生大胆猜想、小心求证,运用数学推理、物理实验、艺术创作等多种方式探索其中的奥秘[3]。

2.课标要求

(1)理解正方形的概念,探索并证明平行四边形、矩形、菱形的性质定理,理解正方形与它们之间的关系。

(2)实施促进学生发展的教学活动,引导学生在真实的情境中发现问题和提出问题,利用观察、猜测、实验、计算、推理、数据分析、直观想象等方法分析问题和解决问题。

3.学习目标

(1)知识目标:通过实验与探究活动进一步感知正方形的特殊性,会用正方形的性质解决问题。

(2)能力目标:通过实验探究和问题解决,提高动手操作能力、观察分析能力、逻辑推理能力。

(3)素养目标:在探索中体会数学的乐趣和价值,激发对数学学习的兴趣和求知欲。

(4)STEAM 素养目标:在实践中体验科学、技术、工程、艺术与数学的融合,培养跨学科思维。

4.教学重点与难点

(1)教学重点:正方形的概念。

(2)教学难点:正方形的综合应用。

5.跨学科知识点分布

本案例中的跨学科知识点分布,如表4.6所示。

表4.6　本案例中的跨学科知识点

学科	知识点分布
数学	正方形的性质与判定,图形的平移、旋转与对称等知识在正方形中的应用
科学	正方形的稳定性
技术	运用几何画板绘制正方形
工程	正方形结构的应用及稳定性分析
艺术	欣赏和分析包含正方形元素的艺术作品

6.条件准备

【所需物品】尺子、剪刀、正方形卡纸等。

【知识准备】复习勾股定理、图形的平移和旋转、正方形的性质等知识。

7.教学过程

(1)情境导入,提出问题

【教师活动】通过多媒体设备展示一系列生活中存在的正方形的图片,如图4.3所示,引导学生观察图片。

提问:"在这些图片中,你发现了哪些共同的图形元素? 你能说出正方形在生活中的其他应用吗? 为什么正方形在生活中应用如此广泛?"

图4.3　生活中的正方形

【学生活动】认真观察图片,积极思考并回答问题,分享自己在生活中发现的正方形应用实例,如地砖、棋盘、魔方等。

【设计意图】从生活实际出发,创设生动有趣的教学情境,激发学生学习的兴趣和探究的欲望,让学生感受到数学与生活的紧密联系,同时引导学生从生活中抽象出数学图形,培养学生的抽象能力。

（2）回顾旧知，引出主题

【教师活动】引导学生回顾平行四边形、矩形、菱形的定义、性质和判定方法，让学生填写正方形的相关内容，如表 4.7 所示。

提问："正方形与平行四边形、矩形、菱形之间有什么关系？"

表 4.7　不同图形的定义、性质和判定方法

图形	定义	性质	判定方法
平行四边形			
矩形			
菱形			
正方形			

【学生活动】回忆旧知，填写表格，思考并回答正方形与其他特殊四边形的关系，明确正方形是特殊的矩形和菱形，具有它们的所有性质。

【设计意图】通过回顾旧知，引导学生建立知识之间的联系，为学习正方形的性质和判定奠定基础，同时培养学生的归纳总结能力和知识迁移能力。

（3）实验探究，解决新知

探究实验 1：正方形的旋转和重叠

【教师活动】展示正方形 $ABCD$ 和正方形 $A_1B_1C_1D_1$，其中正方形 $A_1B_1C_1D_1$ 的顶点 O 与正方形 $ABCD$ 的对角线交点重合，且两个正方形边长相等，如图 4.4 所示。提出问题："当正方形绕点 O 旋转时，两个正方形重叠部分的面积有什么变化规律？为什么？"引导学生分组实验，给每组学生发放两个全等的正方形纸片，让学

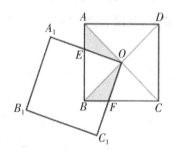

图 4.4　两个正方形

生通过旋转纸片观察重叠部分面积的变化。最后，借助几何画板演示动画过程。

【学生活动】分组实验，通过旋转正方形纸片，观察、测量、计算重叠部分的面积，尝试寻找规律。小组讨论交流，提出自己的猜想和证明思路。

【思路引导】引导学生将重叠部分分割成两个三角形，利用正方形的性质证明这两个三角形全等，进而证明重叠部分的面积始终等于正方形面积的 $\frac{1}{4}$。在

证明过程中,强调全等三角形的判定方法和正方形性质的应用。

【设计意图】通过实验操作,让学生亲身体验数学知识的形成过程,培养学生的观察能力、动手操作能力和探究精神。引导学生从特殊情况入手,通过归纳总结得出一般规律,培养学生的合情推理能力。

探究实验2:正方形的拼接

【教师活动】给学生展示两个大小不等的正方形纸片,如图4.5所示。

提出问题:"你能通过切割把它们拼接成一个大正方形吗? 请说明你利用此拼法的道理。"鼓励学生大胆尝试,发挥创意,寻找拼接方法。

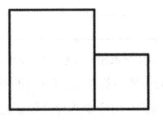

图4.5 两个大小不等的正方形

【学生活动】分组探究,尝试不同的切割和拼接方法。在探究过程中,可能会用到勾股定理、图形的平移和旋转等知识。小组交流讨论,展示自己的拼接成果,并说明拼接的依据。预期成果展示,如图4.6所示。

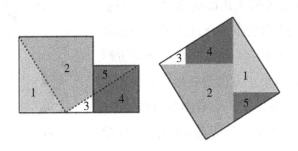

图4.6 正方形拼接效果

【设计意图】此探究活动具有一定的开放性和挑战性,旨在培养学生的创新思维和实践能力。通过实际操作,让学生将数学知识与动手实践相结合,体会数学在解决实际问题中的应用价值。同时,在小组合作中,培养学生的团队协作精神和交流表达能力。

(4)应用拓展,巩固提升

【教师活动】展示一些与正方形相关的实际应用问题。

探究问题 1:设计一个正方形的花坛,要求在花坛内部修建两条互相垂直的小路,使得小路将花坛分成四个全等的部分,如何设计?

探究问题 2:在一个边长为 10 cm 的正方形纸片上,剪出一个面积最大的圆形,求圆形的半径和面积。

【学生活动】思考并解答问题,在解答过程中运用所学知识分析、计算和设计。小组交流讨论,分享自己的解题思路和方法。

【设计意图】通过实际应用问题的解决,加深学生对正方形性质的理解,提高学生运用数学知识解决实际问题的能力。让学生体会数学知识在生活中的广泛应用,增强学生的数学应用意识和创新意识。

(5)回顾总结,升华认识

从知识内容、问题解决、思想方法三个方面总结本节课所学。

(6)布置作业

探究题:探究实验 1 中的图形在旋转过程中,除了重叠部分的面积始终等于正方形面积的 $\frac{1}{4}$ 恒定不变,还有哪些量是等量关系?(提示:从边长、角度、面积等多个角度探索图形在旋转过程中的等量关系)

8. 教学效果评估表

(1)学习态度评价(表 4.8)

表 4.8　学习态度评价

评价内容		自评	互评
学习常规	积极思考,完成课堂实践活动		
	认真听老师讲课,积极回答问题		
	认真听同学发言,主动找出同学与自己的观点的异同之处,发表自己的观点		
合作交流	主动与同学交流,采纳他人好的建议,发表自己的观点		
总分			

(2)知识性评价(表 4.9)

表 4.9　知识性评价

学习目标	新手	学徒	熟练	出色	完美	自评	师评
运用正方形知识解决实际问题							

（3）技能性评价（表 4.10）

表 4.10　技能性评价

评价内容	熟练掌握	基本掌握	初步掌握	未掌握	自评	师评
能使用直尺、量角器等测量工具准确测量长度、角度等,并能正确记录数据						
能使用直尺、圆规等工具准确绘制正方形及相关图形,图形美观、规范,标注清晰						
能独立设计并完成与正方形相关的实验,操作熟练、规范,能准确观察和记录实验现象,得出正确的结论						

（4）综合性评价（表 4.11）

表 4.11　综合性评价

评价等级	评价内容	自评	师评
优秀	深刻理解正方形知识,能解决复杂问题,实验操作出色,多学科创新分析与解决问题能力强,在小组合作中起引领作用,综合素养高,思维能力强,学习积极主动		
良好	正方形知识掌握较扎实,能解决常见问题,实验操作较熟练,有学科融合意识与创新思维,在小组讨论中表现积极,有提升空间,学习态度认真		
中等	基本理解知识,能完成基础任务,实验操作基本规范,跨学科应用能力一般,问题解决能力一般,在小组合作中表现尚可但不够主动,素养待提高,学习态度尚可		
待提高	知识理解不够,实际应用和实验操作时问题较多,跨学科思维与创新能力较差,在小组合作中表现不积极,素养低,学习态度差,需教师重点关注		

9.总结与反思

本案例将 STEAM 教育理念贯穿于教学始终,通过实验探究、实际应用等环节,让学生在做中学、学中做,能够有效提升学生对正方形知识的理解能力和应用能力,提升学生的数学学科素养。通过跨学科融合,引导学生从多学科角度思考和解决问题,培养学生的创新能力和实践能力,让数学教学丰富多彩。

4.2　基于 STEAM 和信息技术的初中数学混合式教学案例

随着信息技术的迅猛发展,初中数学教学正迎来新的挑战与前所未有的机遇。如何引导学生深入理解数学知识,全面提升综合素养,已成为教育工作者持续探索的问题。STEAM 教育具有跨学科融合教学的功能,能够有效提升学生的综合素养。因此,将 STEAM 与信息技术有机结合并应用于初中数学教学,为解决传统教学的困境提供了新的思路与方法。

"点和圆的位置关系"与"二次函数的图象和性质"是初中数学知识体系中的关键内容,它们肩负着传承数学知识、培养学生数学思维和应用能力的重任。融合 STEAM 教育理念和信息技术,可以为学生创造更加丰富、有趣且高效的学习环境。借助信息技术工具,可帮助学生更直观地理解抽象的理论知识。在此过程中开展跨学科学习活动,还可以拓宽学生的视野,增强学生的知识融合及应用能力。

案例 1:二次函数 $y = ax^2 + bx + c$ 的图象和性质

1.案例介绍

本案例选自人教版数学九年级上册第 22 章《二次函数》第 22.1.4 节的"二次函数 $y = ax^2 + bx + c$ 的图象和性质",属于初中数学"数与代数"领域的重要内容。二次函数是刻画现实世界中的变量关系的重要数学模型,广泛用于解决实际问题,也是后续学习数学和其他学科的基础。

在物理学中,二次函数被广泛应用于描述物体的自由落体运动和抛物线运动轨迹。例如,物体自由落体运动的位移 s 与时间 t 的关系可以用二次函数 $s = \frac{1}{2}gt^2$ 来描述。在工程设计领域,二次函数对于描述桥梁的拱高与跨度关系、抛物线型建筑结构设计至关重要。例如,通过调整二次函数的系数,可以设计出满足不同要求的拱形桥。在经济学领域,二次函数也发挥着重要作用。例如,在分析成本与利润的关系、市场需求与价格的关系时,二次函数提供了一种有效的数学工具。因此,将 STEAM 教育理念与信息技术融入教学之中,不仅有助于学生更深入地理解二次函数的概念、图象及性质,而且能够培养学生的跨学科知识应用能力,从而提升学生的综合素养。

2. 课标要求

(1)通过分析实际问题,体会二次函数的意义。

(2)能画出二次函数的图象,通过图象了解二次函数的性质,知道二次函数系数与图象形状和对称轴的关系。

(3)会用配方法将数字系数的二次函数的表达式转化为 $y = a(x - h)^2 + k$ 的形式,并能由此得到二次函数图象的顶点坐标、对称轴,能解决简单的实际问题。

(4)体会二次函数与其他学科的联系,感受数学在实际生活中的应用价值,增强数学应用意识。

3. 学习目标

(1)知识目标:理解二次函数的概念,掌握二次函数的表达式形式,能熟练运用描点法画出二次函数的图象,理解二次函数图象的特点和性质。

(2)能力目标:能根据实际问题建立二次函数模型,运用二次函数的知识解决实际问题;通过观察、分析二次函数的图象,提高数形结合能力和逻辑思维能力;学会利用信息技术工具探究二次函数的性质,提高信息技术应用能力。

(3)素养目标:培养数学抽象、数学建模、直观想象等核心素养,激发对数学学习的兴趣,增强数学应用意识。

(4)STEAM 素养目标:通过跨学科知识的深度融合,理解二次函数在科学、技术、工程、艺术等领域的广泛应用。例如,利用二次函数分析物理现象、优化工程设计、创作富有创意的艺术作品等,全面提升跨学科综合素养。

4. 教学重点与难点

(1)教学重点:二次函数的概念、图象和性质,运用二次函数解决实际问题。

(2)教学难点:二次函数图象与性质的关系,灵活运用二次函数的知识解决实际问题,特别是从实际问题中建立二次函数模型。

5. 跨学科知识点分布

本案例中的跨学科知识点分布,如表 4.12 所示。

表 4.12 本案例中的跨学科知识点

学科	知识点分布
数学	二次函数的表达式、图象绘制、性质探究
技术	利用图形计算器、数学软件(如 GeoGebra)绘制二次函数图象,动态探究函数的性质
工程	在建筑工程中,分析抛物线形建筑结构(如抛物线形拱桥)的受力情况和设计原理,涉及二次函数的图象和性质
艺术	在绘画、雕塑等艺术创作中,运用二次函数的图象特点进行构图设计,如创作具有动态美感的抛物线形艺术作品
科学	在物理学中,用二次函数描述物体的自由落体运动、平抛运动等的位移与时间关系

6. 条件准备

【所需物品】纸、笔、直尺、图形计算器、安装了 GeoGebra 软件的计算机。

【知识准备】复习一次函数的相关知识,如函数的概念、图象和性质;具备一定的函数学习基础和数形结合思想;熟悉计算机的基本操作,能够使用常见的软件。

7. 教学过程

(1)创设情境,引入新课

【教师活动】借助多媒体手段,生动地展现生活中与二次函数息息相关的场景,诸如喷泉跃动的水流轨迹、优雅的拱桥弧线以及绚烂彩虹的弯曲形态,如图 4.7 所示,并配以动画演示,着重凸显抛物线之美。

提出问题:"同学们,你们是否发现,这些现象背后都蕴藏着奇妙的数学奥秘?请仔细观察这些轨迹的形状,思考一下,我们能否运用所学的数学知识,来描绘它们的轮廓呢?"引导学生思考并讨论。

图 4.7　抛物线实例图

【学生活动】观察多媒体展示的内容,结合生活经验,思考教师提出的问题,积极参与讨论,尝试发表自己的看法。

【设计意图】利用信息技术展示生动的实际场景,激发学生的学习兴趣和好奇心,让学生感受到数学与生活的紧密联系,为引入二次函数的概念做好铺垫。

(2)探究图象,理解性质

任务 1:知识迁移,探究新知

【教师活动】

探究问题 1:请同学们回忆之前学习过的二次函数都有哪些,是如何在函数图象的基础上探究其性质的?

引导学生回顾探究正比例函数和一次函数的图象和性质,并总结上节课学过的 $y = a(x-h)^2 + k$,通过列表、描点、连线的方法画出相应的二次函数图象。

探究问题 2:能否利用这些知识来讨论二次函数 $y = ax^2 + bx + c$ 的图象和性质呢?

【学生活动】回忆复习,总结类比。

【设计意图】通过复习旧知和一系列的问题探究,层层递进,激活学生先前的知识,帮助学生再现旧知,为后续的探究学习奠定基础。

任务 2:探究函数的图象

【教师活动】

探究问题 3:二次函数 $y = \frac{1}{2}x^2 - 6x + 21$ 能否转换成 $y = a(x-h)^2 + k$ 的

形式?

探究问题 4：如何得到 $y = \dfrac{1}{2}x^2 - 6x + 21$ 的图象？

引导学生通过配方法得出 $y = \dfrac{1}{2}(x-6)^2 + 3$ 即 $y = \dfrac{1}{2}x^2 - 6x + 21$ 的图象。

引导学生通过平移法画出函数图象，如图 4.8 所示[4]。

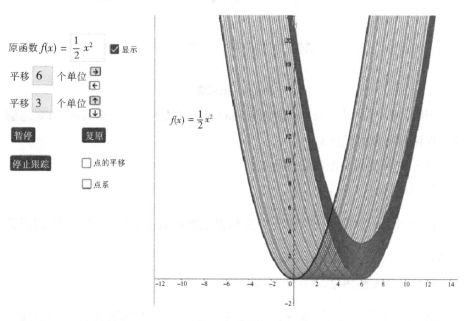

图 4.8　平移法

由配方的结果可知，抛物线 $= \dfrac{1}{2}x^2 - 6x + 21$，顶点是 $(6,3)$，对称轴是 $x = 6$。

先利用图象的对称性列表（如表 4.13 所示），接着描点画图得到函数图象（如图 4.9 所示）。

表 4.13　图象的对称性列表

x	...	3	4	5	6	7	8	9	...
$y = \dfrac{1}{2}(x-6)^2 + 3$	...	7.5	5	3.5	3	3.5	5	7.5	...

【学生活动】通过动手操作，对 $y = \dfrac{1}{2}x^2 - 6x + 21$ 进行配方，得 $y = \dfrac{1}{2}(x-6)^2 + 3$，应用平移法和描点法画图，观察图象的特征，将自己画的图与软件绘制的图象进行对比分析。

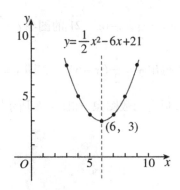

图 4.9　描点法

【设计意图】让学生亲自绘制图象和利用信息技术进行动态展示,直观地感受二次函数图象的特点。

任务 3:探究函数图象的性质

【教师活动】

探究问题 5:你能从函数图象中总结出二次函数 $y = \dfrac{1}{2}x^2 - 6x + 21$ 的图象性质吗?

引导学生观察图象,在学生回答完问题后做总结:

从二次函数 $y = \dfrac{1}{2}x^2 - 6x + 21$ 的图象可以看出:在对称轴的左侧,抛物线从左到右下降;在对称轴的右侧,抛物线从左到右上升。也就是说,当 $x < 6$ 时,y 随 x 增大而减小;当 $x > 6$ 时,y 随 x 增大而增大。

探究问题 6:二次函数 $y = ax^2 + bx + c$ 的图象和性质又是怎样的呢? 如图 4.10 所示。

引导学生思考后做总结:

一般二次函数 $y = ax^2 + bx + c$ 可通过配方化成 $y = a(x - h)^2 + k$ 的形式,即:

$$y = a\left(x + \frac{b}{2a}\right)^2 + \frac{4ac - b^2}{4a}.$$

因此,抛物线 $y = ax^2 + bx + c$ 的对称轴是 $-\dfrac{b}{2a}$,顶点是 $\left(-\dfrac{b}{2a}, \dfrac{4ac - bx^2}{4a}\right)$。

如果 $a > 0$,当 $x < -\dfrac{b}{2a}$ 时,y 随 x 增大而减小;当 $x > -\dfrac{b}{2a}$ 时,y 随 x 增大而

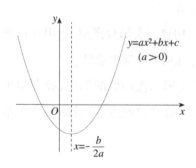 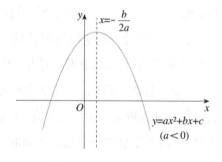

图 4.10　观察图形

增大。

如果 $a < 0$，当 $x < -\dfrac{b}{2a}$ 时，y 随 x 增大而增大；当 $x > -\dfrac{b}{2a}$ 时，y 随 x 增大而减小。

【学生活动】

观察软件中的二次函数的图象，分组讨论，分析图象的性质。

【设计意图】通过观察、分析和归纳，使学生体会从特殊到一般的数学思想，用几何画板进行动态展示，真正做到可视化教学。

(3)拓展学科，加深理解

【教师活动】以自由落体运动为例，讲解物体下落高度 h 与时间 t 的关系 $h = \dfrac{1}{2}gt^2$（g 为重力加速度，是常数），这是二次函数在物理学中的应用。引导学生思考其他物理现象中的二次函数的应用，如平抛运动的轨迹方程。

【学生活动】思考物理现象中的二次函数关系，与同学交流讨论。

【设计意图】通过跨学科拓展，让学生了解二次函数在不同领域的应用，拓宽学生的视野，培养学生的跨学科思维能力，提高学生学习数学的兴趣和积极性。

(4)实践应用，巩固提升

【教师活动】提出实际问题："某果园原有 100 棵橙子树，每棵平均结 600 个橙子。若增种树木，树间距和光照将减少，预计每增种一棵树，每棵平均减产 5 个橙子。问增种多少棵时，总产量达到最大？"引导学生分析问题，建立二次函数模型，利用所学知识求解。让学生借助图形计算器或数学软件辅助分析和求解,展示学生的解题过程和结果,进行点评和总结。

【学生活动】分析实际问题,识别变量关系,构建二次函数模型,运用计算器或软件求解,展示解题思路和结果,听取师生的意见进行反思总结。

【设计意图】通过实际问题的解决,让学生巩固二次函数的知识,提高学生运用数学知识解决实际问题的能力,提升学生的数学建模素养;借助信息技术工具,提高学生解决问题的效率和准确性。

(5)课堂小结,总结收获

利用思维导图软件,带领学生复习二次函数的概念、图象性质、配方法及跨学科应用,构建系统的知识框架。鼓励学生分享学习心得,并对学生的表现给予积极的评价和鼓励。

(6)融入思政,提升素养

【教师活动】讲述二次函数的发展历程,介绍数学家如笛卡儿在函数研究方面的贡献,他们使函数与几何图形联系更加紧密,推动了数学的发展。强调数学家们勇于探索、追求真理的精神,鼓励学生在学习数学的过程中,不怕困难,勇于挑战,培养严谨的科学态度和创新精神。

【学生活动】认真聆听数学家的故事,学习数学家们的精神,分享个人的见解,树立正确的学习态度和价值观。

【设计意图】通过数学史的融入,渗透思政教育,培养学生的科学精神和价值观,让学生在学习数学知识的同时,受到思想教育的熏陶。

8. 教学效果评估表

(1)学习态度评价(表 4.14)

表 4.14　学习态度评价

评价内容		自评	互评
学习常规	积极参与课堂讨论,主动完成课堂练习和实践任务		
	认真听讲,积极思考教师提出的问题		
	认真听同学发言,尊重他人的观点,积极参与讨论交流		
合作交流	主动与小组成员合作,共同完成探究任务,善于倾听他人的意见,积极贡献自己的想法		
总分			

（2）知识性评价（表4.15）

表4.15　知识性评价

学习目标	新手	学徒	熟练	出色	完美	自评	师评
理解二次函数的概念							
掌握二次函数图象的绘制方法和性质							
能用配方法将二次函数化为顶点式							
能运用二次函数解决实际问题							

（3）技能性评价（表4.16）

表4.16　技能性评价

评价内容	熟练掌握	基本掌握	初步掌握	未掌握	自评	师评
能熟练使用信息技术工具绘制二次函数的图象,探究函数的性质						
能根据实际问题建立二次函数模型并求解						
能运用二次函数知识进行简单的跨学科应用(如分析物理现象、进行简单的工程设计)						

（4）综合性评价（表4.17）

表4.17　综合性评价

评价等级	评价内容	自评	师评
优秀	深刻理解二次函数知识,积极参加课堂活动,具备较强的跨学科思维能力和创新能力,能熟练运用二次函数知识解决实际问题,在跨学科应用方面表现出色,展现出较高的综合素养		
良好	对二次函数知识理解较深入,参加活动较积极,有一定的跨学科思维能力和创新能力,能较好地运用二次函数知识解决问题,在跨学科应用方面表现一般,具备一定的综合素养		
中等	基本理解二次函数知识,愿意参加活动,但跨学科思维能力和创新能力有待提高,运用知识解决问题的能力一般,在跨学科应用方面存在不足,综合素养需进一步提升		

续表 4.17

评价等级	评价内容	自评	师评
待提高	对二次函数知识理解不够深入,参加活动积极性不高,跨学科思维能力和创新能力差,运用知识解决问题存在困难,在跨学科应用方面表现较差,需要加强综合素养的提升		

9.总结与反思

基于 STEAM 和信息技术的初中数学教学案例,借助情境创设、知识讲解、图象探究、跨学科拓展以及实践应用等环节,巧妙地将二次函数知识与多个学科相融合;通过信息技术的辅助,使学生在丰富多彩的学习活动中深刻理解和掌握二次函数的概念、图象特征及其性质,全面提升学生的综合素养;通过积极参与、自主探究、合作学习和跨学科实践等形式,培养学生的自主学习能力、合作精神和创新意识。

案例 2:点和圆的位置关系

1.案例介绍

本案例选自人教版数学九年级上册(六三学制)第 24 章《圆》第 2 节的内容"点和圆的位置关系"。圆是初中数学中的重要图形,其相关知识是对之前几何图形学习的深化与拓展。"点和圆的位置关系"不仅是研究圆的性质、直线和圆的位置关系的基础,也为后续学习圆锥、曲线等知识做了铺垫。

在实际生活中,点和圆的位置关系体现了重要的应用价值。例如在射击比赛中用于成绩计算、在航天领域用于卫星轨道的确定、在娱乐设施中用于摩天轮座舱位置的精确分析等。结合 STEAM 教育理念与信息技术,将抽象的数学知识与多学科融合,能让学生更直观、深入地理解知识,提升综合素养。

2.课标要求

(1)探索并了解点和圆的位置关系,能根据点到圆心的距离与圆的半径的大小关系判断点和圆的位置关系。

(2)通过具体实例,体会数学与其他学科的联系,感悟数学在实际生活中的应用价值,增强数学应用意识。

(3)经历观察、实验、猜想、证明等数学活动过程,发展演绎推理能力,能有条理地、清晰地阐述自己的观点。

3. 学习目标

(1)知识目标:理解点和圆的三种位置关系(点在圆内、点在圆上、点在圆外)的定义,掌握用点到圆心的距离与圆的半径比较来判断位置关系的方法。

(2)能力目标:能运用点和圆的位置关系的知识解决实际问题,借助信息技术工具提高数据处理能力与图形分析能力。

(3)素养目标:培养数学抽象、逻辑推理、直观想象等核心素养,增强数学应用意识,培养创新精神。

(4)STEAM 素养目标:通过跨学科知识融合,理解点和圆的位置关系在科学(如天文学中天体的位置关系)、技术(如利用编程模拟位置变化)、工程(如建筑结构设计)、艺术(如圆形图案设计)中的应用,提升跨学科综合素养。

4. 教学重点与难点

(1)教学重点:点和圆的三种位置关系的判定方法,根据点到圆心的距离、圆的半径的数量关系判断点和圆的位置关系。

(2)教学难点:将实际问题转化为点和圆的位置关系问题并求解。

5. 跨学科知识点分布

本案例中的跨学科知识点分布,如表 4.18 所示。

表 4.18　本案例中的跨学科知识点

学科	知识点分布
数学	点和圆的位置关系的定义、判定方法,圆的相关计算(如半径、距离的计算)
技术	利用计算机软件 GeoGebra 设计点和圆的位置关系图,辅助学生理解点与圆的位置关系
工程	建筑设计中确定建筑物(点)与圆形结构(圆)的相对位置,如桥梁桥墩与桥拱的位置关系
艺术	在绘画、雕塑、平面设计中,运用点和圆的位置关系进行创意构图,如设计具有节奏感和层次感的圆形图案
科学	天文学中描述天体(点)与星系(圆)的位置关系;物理学中研究物体(点)在圆形轨道(圆)上的运动,如电子绕原子核运动的模型

6. 条件准备

【所需物品】圆规、直尺、量角器、圆形纸片、多媒体设备、计算机(安装有 GeoGebra 等软件)。

【知识准备】掌握圆的基本概念（如圆心、半径、直径），具备一定的几何图形分析能力和简单的距离计算能力。

7.教学过程

(1)创设情境,引入新课

【教师活动】利用 GeoGebra 软件的动态可视化功能,制作洋房信号塔覆盖范围图(如图 4.11 所示)[5],激发学生对数学问题的兴趣,并引导学生深入思考相关问题。

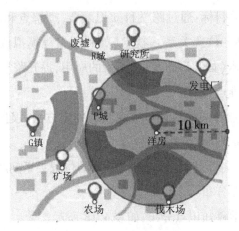

图 4.11　信号塔地图

探究问题 1:信号完全能覆盖的范围有哪些?

探究问题 2:信号刚好覆盖到的有哪些?

探究问题 3:信号不能覆盖到的有哪些?

探究问题 4:思考三个范围内的点有何特征?

引导学生思考点与圆的位置关系,直观地体会点位于圆上、圆内及圆外的不同空间位置感。

【学生活动】观看课件,独立思考教师提出的问题后,举手回答①P 城、伐木场;②发电厂;③G 镇、矿场、农场、废墟、R 城、研究所。引导学生观察并初步感受点和圆的位置关系。

【设计意图】结合课件模拟的情境,激发学生学习的兴趣,通过模拟信号塔覆盖的范围,让学生从不同的角度初步感知点和圆的位置关系,为后续学习奠定基础。

(2)探究知识,形成概念

【教师活动】利用 GeoGebra 软件制作动态课件,直观地展示点在不同的位置(圆内、圆上、圆外)移动时,其到圆心的距离与圆的半径的数量关系如何变化(如图 4.12 所示),引导学生探究问题。

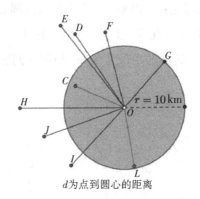

d 为点到圆心的距离

图 4.12　圆心距离与圆半径数量关系变化图

探究问题 5:假设某个点到圆心的距离为 d,圆的半径为 r。那么圆上的点可以用符号表示为 $d = r$,圆内的点为 $d < r$,那圆外的点如何表示呢?

比较点到圆心的距离与半径的大小,得出点和圆的三种位置关系的判定方法:设⊙圆的半径为 r,点 P 到圆心的距离 $OP = d$。如图 4.13 所示,当点 P 在圆外时,$d > r$;当点 P 在圆上时,$d = r$;当点 P 在圆内时,$d < r$。

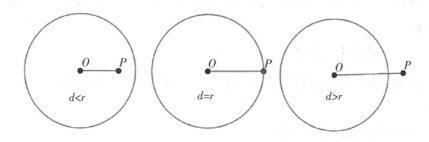

图 4.13　点和圆的位置关系

引导学生思考生活中还有哪些类似点和圆的位置关系的现象。

【学生活动】观察并回答教师的问题,听教师讲解,理解点和圆的位置关系的判定方法,积极思考并分享生活中的实例,如飞镖盘上飞镖落点与靶心的关系。

【设计意图】利用信息技术的直观展示,结合课堂讲解,帮助学生深入理解抽象的数学概念,培养学生观察、分析及归纳总结的能力,同时加深学生对数学与生活紧密联系的感受。

(3)实践应用,巩固新知

【教师活动】布置练习题:已知圆心 O 和直线 l,过圆心 O 作 OM 垂直于 l,M 为垂足,$OM = 3$ cm,A,B,C 为直线 l 上的三个点,且 $MA = 2$ cm,$MB = 4$ cm,$MC = 5$ cm。如图 4.14 所示,若圆的半径为 5 cm,请同学们想一想如何判断 A,B,C 三点与圆的位置关系。

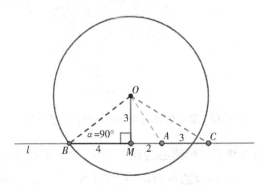

图 4.14　习题图

引导学生独立思考,待学生完成思考后,进行详细的讲解:

①小于半径时,点在圆内。

已知 $MA = 2$ cm,$OM = 3$ cm,则 $OA = \sqrt{2^2 + 3^2} = \sqrt{13} < 5$。$\therefore A$ 点在 $\odot O$ 内。

②等于半径时,点在圆上。

已知 $MB = 3$ cm,$OM = 3$ cm,则 $OB = \sqrt{3^2 + 4^2} = \sqrt{25} = 5$。$\therefore B$ 点在 $\odot O$ 上。

③大于半径时,点在圆外。

已知 $MC = 5$ cm,$OM = 3$ cm,则 $OC = \sqrt{5^2 + 3^2} = \sqrt{34} > 5$。$\therefore C$ 点在 $\odot O$ 外。

【学生活动】独立完成练习题,派代表展示解题思路和结果,听老师讲解,进一步巩固知识点。

【设计意图】通过 GeoGebra 课件展示练习题,让学生巩固点和圆的位置关系的判定方法,提高学生运用数学知识解决实际问题的能力,培养学生的合作精神和应用意识。

(4)拓展探究,提升思维

【教师活动】

探究问题6:经过一个已知点 A 能不能作圆,能作出多少个?

探究问题7:经过两个已知点 A,B 能不能作圆,能做出多少个? 圆心分布有什么特点?

到学生身边巡视,检查他们作图是否正确,考虑是否全面。了解全班的情况后,呈现 GeoGebra 作图结果,并进行总结:

过一点可作无数个圆,平面上过 A 点的圆的圆心可以是除 A 点之外的任意一点。过两个点有无数个圆,连接 A,B 两点,作线段 AB 的垂直平分线,垂直平分线上的任意一点可作为圆心,以这点到 A 或 B 的距离为半径作圆,如图 4.15 所示。

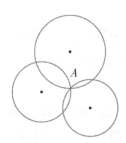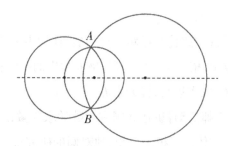

图 4.15　过点 A 的圆和过点 A,B 的圆

【学生活动】思考教师提出的问题,尝试在纸上用圆规画图并理解相关知识。

【教师活动】探究问题8:经过不在同一条直线上的三个点 A,B,C 能不能作圆? 如果能,如何确定所作圆的圆心?

检查学生作图的情况后,在 GeoGebra 界面演示正确的尺规作图法,分别画出线段 AB 的垂直平分线 l_1 和线段 BC 的垂直平分线 l_2,设它们的交点为 O,则 $OA = 0B = OC$。以点 O 为圆心,OA 为半径,可作出经过 A,B,C 三点的圆,如图 4.16

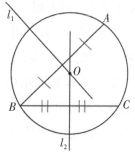

图 4.16　经过 A,B,C 三点的圆

所示。

因此得出结论:不在同一条直线上的三个点可确定一个圆。经过三角形的三个顶点可以作一个圆,这个圆叫作三角形的外接圆,外接圆的圆心是三角形三条边的垂直平分线的交点,叫作这个三角形的外心。

【学生活动】用尺规作图,听老师讲解,理解知识点。

【设计意图】遵循探究性与适度性原则,引导学生自主利用尺规作图,随后借助 GeoGebra 软件直观地展示结果,使图形学习生动立体,助力学生构建知识体系。

(5)拓展学科,融合创新

【教师活动】布置课后拓展学习活动:在线上学习平台观看天文学中关于卫星绕地球运动的模拟视频,理解卫星(点)与地球(视为圆)的位置关系。

【学生活动】线上观看科学视频,学习相关知识,分享跨学科学习的收获和体会。

【设计意图】通过跨学科拓展,让学生了解点和圆的位置关系在不同学科领域的应用,拓宽学生的视野,培养学生的跨学科思维能力和创新能力。

(6)融入思政,提升素养

【教师活动】讲述我国古代数学家刘徽在研究圆的相关问题时的贡献,如他的割圆术体现了极限思想,他对圆的研究推动了数学的发展。肯定和强调数学家们勇于探索、追求真理的精神,鼓励学生在数学学习中不畏困难,积极探索。

【学生活动】认真聆听故事,学习数学家的精神,分享自己的感悟,树立积极的学习态度。

【设计意图】通过思政教育,传承数学文化,培养学生的科学精神和民族自豪感,促进学生全面发展。

(7)课堂小结,总结提升

回顾课程要点,鼓励学生分享学习心得与难题,综合评价学生的表现,并着重强调关键知识与常见误区。

8.教学效果评估表

(1)学习态度评价(表4.19)

表4.19　学习态度评价

评价内容		自评	互评
学习常规	积极参加线上线下学习活动,按时完成任务		
	认真听讲,积极思考教师提出的问题		
	主动参与课堂讨论,认真听同学发言,尊重他人的观点		
合作交流	在线上线下学习时主动与同学合作,共同解决问题,善于分享自己的想法,积极采纳他人的建议		
总分			

（2）知识性评价（表4.20）

表4.20　知识性评价

学习目标	新手	学徒	熟练	出色	完美	自评	师评
理解点和圆的三种位置关系的定义及判定方法							
能运用点和圆的位置关系的知识解决实际问题							
理解反证法的概念及证明步骤,能运用反证法证明简单的命题							

（3）技能性评价（表4.21）

表4.21　技能性评价

评价内容	熟练掌握	基本掌握	初步掌握	未掌握	自评	师评
能准确使用圆规、直尺等工具画出点和圆的位置关系图						
能运用信息技术工具（如 GeoGebra、几何画板）探究点和圆的位置关系						
能将实际问题转化为点和圆的位置关系问题并求解						

（4）综合性评价（表4.22）

表4.22　综合性评价

评价等级	评价内容	自评	师评
优秀	对知识有深入理解,积极参与线上线下活动,具备较强的跨学科思维能力和创新能力,能熟练运用所学知识解决问题,展现出较高的综合素养		
良好	对知识理解较深入,积极参加活动,有一定的跨学科思维能力和创新意识,能较好地运用知识解决问题,具有一定的综合素养		
中等	基本理解知识,愿意参加活动,但跨学科思维能力和创新能力有待提高,运用知识解决问题的能力一般,综合素养需进一步提升		
待提高	对知识理解不够深入,参加活动的积极性不高,跨学科思维能力和创新能力较差,运用知识解决问题存在困难,需要加强综合素养的提升		

9. 总结与反思

本次教学融合 STEAM 理念与信息技术,采用多元教学法,通过跨学科整合,使学生在学习"点和圆的位置关系"时,既掌握数学知识,又提升综合素养。教学中,学生踊跃参与线上线下活动,利用信息技术直观地理解知识,跨学科拓展活动让学生深刻体会到数学的广泛应用。

参考文献

[1]中华人民共和国教育部. 义务教育数学课程标准:2022 年版[M].北京:北京师范大学出版社,2022.

[2]周美兰,黄玉霞. 聚焦"读思达"实现"学为中心":以"丰富多彩的正方形"教学为例[J].福建中学数学,2023(6):3-6.

[3]吴嫡凡. 问题引领下的量感培养:以"角的度量"教学为例[J]. 现代教学,2024(23):61-62.

[4]李雨佩. 深度学习视角下信息技术在初中函数教学中的应用研究[D].洛阳:洛阳师范学院,2024.

[5]张妍. 初中数学几何教学中信息技术的应用研究[D].济南:山东师范大学,2023.

［6］人民教育出版社课程教材研究所中学数学课程教材研究开发中心.义务教育教科书数学:八年级［M］.北京:人民教育出版社,2013.

［7］人民教育出版社课程教材研究所中学数学课程教材研究开发中心.义务教育教科书数学:九年级［M］.北京:人民教育出版社,2014.

［8］人民教育出版社课程教材研究所中学数学课程教材研究开发中心.义务教育教科书数学:七年级［M］.北京:人民教育出版社,2012.